SOUVENIRS

DU SIÈGE

DE SOISSONS

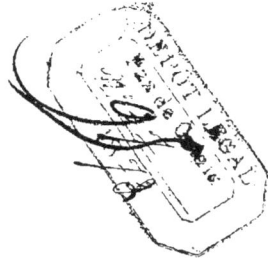

Août. — Septembre. — Octobre.

1870

Par Ed. WOLFF

Lieutenant au 17º Régiment de Marche.

———

ARRAS

IMPRIMERIE H. SCHOUTHEER

Rue des Trois-Visages

1872

GARDE NATIONALE MOBILE DE L'AISNE.

17e *Régiment de Marche.* | 2e *Bataillon.*
Lieutenant-Colonel : M. CARPENTIER. | *Commandant :* M. D'AUVIGNY.

COMPAGNIES.	CAPITAINES	LIEUTENANTS	SOUS-LIEUTENANTS
	MM.	MM.	MM.
1	DEFLANDRE.	Ed. WOLFF.	MAUDOY.
2	ROUSSEL.	DE CHAUVENET.	P. WOLFF.
3	LAMBERT.	GAILLARD.	LEMAIRE (Constant).
4	NACHET.	BODELOT.	NACHET (Charles).
5	DE COMMINES.	PIERMÉ.	FERTÉ (Georges).
6	COURCY.	CLUET.	DESBOVES.
7	DE VERNEUIL.	FERTÉ.	DE BIGNICOURT.
8	D'HÉDOUVILLE.	DE LAMINIÈRE.	LEMAIRE (Gabriel).

Adjudant sous-officier : M. PAIN.

AVANT-PROPOS.

Ces quelques pages n'ont pas de prétention littéraire. Des notes, prises en partie sous la tente, complétées par mes souvenirs et quelques extraits de journaux, m'ont servi à les écrire.

Je n'ai pas eu l'intention de faire une histoire complète du siège de Soissons.

J'ai voulu surtout établir le rôle que le 2° bataillon des Mobiles de l'Aisne a joué, durant cet épisode de la désastreuse campagne de 1870.

Si je me décide à faire paraître les lignes qui suivent, c'est pour concourir, autant qu'il est en mon pouvoir, à réhabiliter cette malheureuse ville de Soissons, dont on a paru ignorer les souffrances et le courage, pour n'en blâmer que la chûte.

Puissé-je prouver en même temps que notre Garde Mobile a dignement accompli son devoir ! C'est la seule récompense qu'elle obtiendrait de la part prise par elle à une résistance dont l'ennemi a reconnu lui-même l'énergie.

Cet opuscule aura le tort de voir le jour après l'ouvrage si intéressant de *M. Collet*, publié dans le *Progrès de l'Aisne*.

Toutefois, nos deux récits diffèrent sensiblement.

L'honorable secrétaire de la Mairie de Soissons, s'est étudié à relater tous les faits, sans exception, qui se passaient non-seulement dans la place, mais encore dans les environs. Il a fait l'histoire de l'arrondissement, sous forme d'un journal écrit avec beaucoup de soin.

Mon cadre est plus restreint.

Je ne rends compte spécialement, je le répète, que des actions auxquelles a été mêlé le bataillon dont je faisais partie, ou des incidents dont j'ai eu une connaissance parfaite. Je cite textuellement à l'appui les ordres du jour et autres pièces officielles.

Bien des détails seront peut-être jugés superflus ? Si je ne les ai pas supprimés, c'est dans l'espoir qu'ils pourront raviver les impressions de mes collègues.

Qu'on me pardonne des inexactitudes et des oublis, s'il s'en rencontre.

Ce n'est pas un document historique, mais une simple narration. Rien de plus.

E. WOLFF.

Paris, le 1er juin 1872.

Appel à l'activité. — Formation du bataillon.

§ Ier.

La France avait déjà subi de sanglantes défaites : Wissembourg et Reischoffen.

J'habitais Paris quand toutes les mauvaises nouvelles parurent au *Journal officiel*. Le premier moment d'abattement passé, le patriotisme reprit son empire. Il fallait, à tout prix, chercher à chasser l'ennemi de notre sol.

Bien que non astreint au service militaire, j'avais fait plusieurs demandes pour obtenir un emploi d'officier dans la Garde Mobile en voie de formation dans le département de l'Aisne.

Le 10 août, une dépêche m'apprenait enfin ma nomination de lieutenant à la 1re compagnie du 2e bataillon. Le lieu de réunion était Soissons, l'appel immédiat.

Le lendemain, j'étais à mon poste.

Mon frère, étudiant en droit, avait obtenu, dans la même compagnie que moi, le grade de sergent-major.

Quand j'arrivai, je trouvai 130 hommes environ, presque tous de la campagne, en blouses, portant les uns le chapeau, les autres la casquette, la plupart de lourdes chaussures.

Ils étaient loin des Mobiles de la Chaussée-d'Antin, que j'avais vus défiler parfaitement équipés et le londrès aux lèvres, mais cette diversité de costumes avait un cachet particulier qui rappelait vivement à la mémoire ces hommes de 92 qui :

> *La pique à la main, en haillons, sans souliers,*
> *Ont repoussé l'assaut de dix rois alliés,*

selon les beaux vers de Ponsard.

Pendant plusieurs jours, nos soldats n'eurent pas d'armes.

Ils étaient logés chez les habitants, et recevaient un franc pour leur nourriture quotidienne.

Ce mode d'existence ne pouvait durer.

Grâce à la modicité de la somme et à la cherté des vivres, ces pauvres gens eurent bientôt épuisé les faibles ressources que la prévoyance de leurs femmes ou de leurs mères leur avait glissées dans la main, au départ.

M. Deflandre, mon capitaine, touché de cet état de choses, y remédia, en créant un ordinaire, comme dans les régiments. Moyennant une retenue journalière de 0,45 centimes, les hommes firent deux repas composés d'une soupe, de bœuf, de légumes et de riz.

Je fus chargé d'organiser cette cuisine. Dire qu'elle n'avait rien à envier aux menus du Café Anglais ou de Brébant, ce. serait mentir, mais j'avoue avoir pris, le matin, plus d'une fois, un bon bouillon dans la marmite de mes Mobiles.

Bientôt, toutes les compagnies suivirent notre exemple.

La première semaine écoulée, quand les sous-officiers et caporaux furent nommés, et que les hommes eurent appris à s'aligner et à marcher tant bien que mal au pas, on leur mit entre les mains des fusils à piston transformés, dits à tabatière.

Ces armes, dont on a beaucoup médit, et qu'on ne peut assurément comparer au chassepot, possèdent néanmoins certaines qualités. La charge est d'une facilité extrême, la portée de 600 mètres et les blessures en sont très-dangereuses.

Alors commencèrent les exercices du maniement de l'arme et des divers mouvements dont se compose l'école du soldat et de peloton.

Nos conscrits montrèrent une bonne volonté incroyable ; en moins de dix jours, ils connurent les principales manœuvres.

Loin de moi la pensée d'attribuer uniquement au mérite des officiers ce résultat surprenant ; à part quelques-uns ayant servi, nous ne possédions, à notre arrivée, que des notions vagues d'art militaire, mais nous avions tous, nos Mobiles au même degré que nous, le désir d'apprendre vite ce qui était essentiel. La nécessité s'en faisait sentir.

Le premier instructeur du bataillon, fut un ex-sergent de

la ligne, nommé Pain, portant la médaille militaire et depuis longtemps établi à Soissons. Il fut nommé adjudant sous-officier.

On lui adjoignit quelques gardes forestiers, ayant appartenu à l'armée, qui, sous nos yeux, instruisaient nos soldats.

Pour que ces leçons nous fussent plus profitables, nous étudiions la théorie, à nos moments perdus, et M. Roussel, jeune capitaine commandant la 2ᵉ compagnie, était notre répétiteur.

Je me rappelle le plaisir que nous causa notre première promenade, en armes, à travers la ville. Notre commandant en tête, nous défilâmes fièrement, les baïonnettes reluisant au soleil.

Le bataillon avait l'aspect d'une troupe de brigands. L'assemblage de ces coiffures et de ces vêtements, différant de formes et de couleurs, produisait un effet étrange. Nos Mobiles n'avaient de commun que le fusil, de régulier que le pas.

Après bien des démarches, M. Carpentier réussit à leur faire donner des blouses en toile grise avec une petite croix rouge au bras gauche. C'était un commencement d'uniforme.

Pour ne pas être taxé d'exagération, je cite ce qu'écrivait le journal l'*Argus Soissonnais,* le 16 août, c'est-à-dire *cinq jours,* après notre réunion :

« Le 2ᵉ bataillon de la Garde Mobile, réuni à Soissons, sous le
« commandement de M. Félix Carpentier, se tient prêt à partir.
« En quelques jours, les jeunes gens qui le composent ont appris,
« avec une rapidité surprenante, les premiers éléments du métier
« et aujourd'hui, ils ont fait une promenade militaire, durant
« laquelle ils ont marché en vrais soldats ; leur digne commandant
« en était émerveillé. »

Voici l'ordre du jour qui nous fut adressé à la même date :

« Gardes Mobiles du 2ᵉ bataillon,
« Vous êtes réunis pour prêter votre concours à toutes les mesu-
« res que réclament la sûreté et l'indépendance de notre pays.
« Pour que ce concours soit efficace, il est indispensable que
« vous sachiez vous conformer aux lois de la discipline ; nous

« nous efforcerons de vous la rendre aussi facile que possible ;
« nous ferons en sorte que pleine justice vous soit toujours rendue
« en toute circonstance, mais, de votre côté, faites, qu'animés
« comme nous de l'amour de la patrie, nous puissions toujours
« être certains de votre dévouement, de votre respect pour les
« réglements militaires, et de votre désir de maintenir parmi vous
« l'ordre le plus absolu.

    « Votre chef que vous connaissez déjà, compte sur vous, comptez
« sur lui.

              « Le commandant du 2ᵉ bataillon,

                  « F. CARPENTIER. »

§ II.

La garnison de Soissons comprenait alors, outre la Garde
Nationale, trois bataillons de Garde Mobile, une centaine
d'artilleurs de la ligne commandés par le capitaine de Mon-
nery, et trois batteries de la Mobile du Nord.

Il serait injuste d'oublier la compagnie d'artilleurs volontaires qui, sous la direction de MM. Ringuier et Quemet,
s'était spontanément formée d'habitants de la ville, parmi
lesquels je comptais comme amis : MM. Rigaut et Contan-
sin.

Occupant une place de guerre de 2ᵉ classe, sur l'une des
voies ferrées conduisant à Paris, il fallait la défendre à tout
prix. Cependant, nous recevions l'ordre, le 20 août, de nous
préparer à partir le lendemain pour la capitale. Quelques
heures plus tard, ces instructions étaient contremandées.

Ces tergiversations, ces ordres contraires qui se suivaient
de si près, indiquaient déjà, dans le gouvernement, une
administration hésitante, manquant de la décision nécessaire.

Le 1ᵉʳ bataillon des Mobiles de l'Aisne (arrondissement de
Château-Thierry), commandé par M. de Puységur, se rendit
à Villers-Cotterêts pour protéger la ligne du chemin de fer
et pratiquer des tranchées dans la forêt. Il gagna Paris, après
le 4 septembre.

Presqu'immédiatement, un bataillon de dépôt du 15ᵉ de
ligne, venu de Laon, le remplaça. C'était une déplorable
composition de conscrits et d'engagés volontaires, parmi les-

quels régnaient l'indiscipline et l'insubordination. Seul, le major Denis, leur commandant, parvenait à les dompter. La canne ou le révolver à la main, il les traitait avec une dûreté qu'autorisait la grossièreté de ces soldats.

Je ne puis me dispenser de mentionner ici une cérémonie, qui ne laisse pas que d'impressionner vivement celui qui en est l'objet : la reconnaissance des officiers devant les compagnies.

Tout le bataillon fut conduit au Mail et rangé sous les marronniers. Le commandant, sabre en main, vint se placer successivement devant le front de chaque compagnie, le capitaine à sa gauche. Tambours et clairons ouvrirent le ban et M. Carpentier prononça à haute voix les paroles sacramentelles. Puis, le salut du sabre, l'accolade et la sonnerie qui ferma le ban.

Après la reconnaissance des capitaines et à une nouvelle prise d'armes, vint le tour des lieutenants. Quant à la consécration des sous-lieutenants, ils l'attendent encore.

II.

Anizy-le-Château. — Pinon. — Le 4 septembre.

§ Ier.

Le samedi 27 août, je partis pour Paris où m'appelaient de graves raisons. Je revins le lendemain dimanche, vers 3 heures, par un convoi spécialement destiné aux militaires.

J'appris, à mon arrivée, que ma compagnie et la moitié de la seconde, sous les ordres de mon capitaine, avaient, dès le matin, pris à pied la route d'Anizy-le-Château. Le premier train du soir m'y débarqua.

Je me mis de suite en quête de M. Deflandre que je trouvai confortablement installé, au milieu de plantes exotiques, dans une des maisons des plus luxueuses. Il me présenta à ses hôtes qui s'empressèrent de m'offrir l'hospitalité, de la façon la plus charmante.

Notre mission devait consister à empêcher les hulans de couper la ligne du chemin de fer entre Laon et Soissons, et à défendre, au besoin, les gares intermédiaires. A cet effet, M. Ferté, sous-lieutenant de la 2e compagnie, avait été placé à Margival avec 40 hommes, et un nombre égal de Mobiles avait été envoyé à Chailvet sous les ordres de notre sous-lieutenant, M. Maudoy.

M. de Chauvenet, lieutenant de la 2e compagnie, et moi, restions à Anizy avec M. Deflandre, au centre de la position, et à la tête du plus fort détachement.

De notre vie, nous n'oublierons la semaine que nous avons passée dans ce pays où nos hommes furent accueillis comme des enfants gâtés, et leurs officiers traités comme des princes.

En dehors d'un poste à la gare, nous en avions un autre à l'Hôtel de Ville. Les exercices et les appels avaient lieu sur le jeu de paume.

Le service de la station était surtout pénible, mais les habitants rivalisaient de bonne volonté pour en adoucir les rigueurs. Payons également ici un juste tribut de reconnaissance à M. le chef de gare dont l'obligeance fut infinie.

La voie ferrée est bordée de bois et de marais, d'où s'élevait, la nuit, un brouillard humide qui glaçait nos malheureuses sentinelles, n'ayant toujours qu'une blouse pour vêtement.

Les autorités municipales s'émurent de cet équipement insuffisant et parvinrent à retrouver d'anciennes vestes de pompiers que les hommes endossaient pour la durée de la faction.

Nous fîmes, un matin, une promenade militaire jusqu'à Lizy, village à 2 kilomètres.

Notre arrivée signalée par le tambour, amena autour de nous toute la population. Le Maire, brave maçon, en costume de travail, fit, sur l'heure, une quête près de ses administrés, pour fêter notre visite. Je n'avais accepté son invitation (qu'il appelait petit divertissement) qu'avec hésitation, mais je n'avais pas cru pouvoir résister à un élan si spontané. Il paraît que le vin blanc de Lizy avait agi sur quelques cerveaux faibles, car le capitaine supprima ces excursions.

Cet incident n'était pourtant que la répétition d'un fait qui s'était produit lors du passage des Mobiles à Pinon, où le Maire, M. le vicomte de Courval, avec plusieurs membres du Conseil municipal, leur avait offert patriotiquement le vin d'honneur.

Pendant notre séjour, M. de Courval poussa l'amabilité jusqu'à nous recevoir tous trois à dîner, en compagnie de M. Robert, notaire et maire d'Anizy.

Je ne m'étendrai pas sur la délicatesse du repas, mais je croirais manquer à mes devoirs de bonne compagnie, en ne mentionnant pas que l'accueil de l'aristocratique famille fût aussi cordial que gracieux.

§ II.

Vers le milieu de la semaine, le *Journal officiel* nous apprit la promotion de M. Carpentier, au grade de lieutenant-colonel. Nous composions avec le 6e bataillon de l'Aisne (arrondissement de Vervins), en ce moment à Soissons et commandé par M. de Fitz-James, le 17e régiment de marche. L'utilité de cette mesure n'a jamais été démontrée et tout d'abord nous la regrettâmes.

Si nous ne perdions pas entièrement un chef qui possédait notre confiance, du moins, nous n'étions plus placés immédiatement sous ses ordres.

Qui allait lui succéder?

Sur ces entrefaites, notre nouveau colonel, revenant de Laon avec le capitaine Roussel, descendit à Anizy et s'efforça de nous rassurer.

Pendant deux jours un nombre considérable de trains passa, sous nos yeux, à la gare. Ils portaient le 13e corps d'armée dirigé sur Mézières, sous le commandement du général Vinoy. Après quelques minutes d'arrêt, la vapeur les enlevait à nos chaleureuses acclamations.

Le dimanche 4 septembre, vers midi, je vis arriver M. Deflandre, une lettre à la main. Il m'annonça qu'il venait de recevoir un ordre de départ qui enjoignait la plus grande célérité.

Nous ne nous attendions pas à quitter si brusquement la petite ville hospitalière, dans laquelle nous comptions déjà de nombreux amis, aussi ce fut avec une véritable émotion que nous fîmes nos adieux.

Le sous-lieutenant, détaché à Chailvet, avait fait diligence pour nous rejoindre avec ses hommes.

Nous nous mîmes en marche vers 2 heures.

M. de Courval nous attendait devant le château et nous adressa quelques paroles touchantes, en nous serrant la main.

Puis, nous gravîmes la montagne de Pinon.

La monotonie du chemin fut égayée par des couplets patriotiques.

Nous parcourûmes les 20 kilomètres sans grande fatigue, et atteignîmes Soissons, à la tombée de la nuit.

C'est alors qu'on nous fit connaître les désastreuses nouvelles de la capitulation de Sedan et de la captivité de l'Empereur. Personne ne voulait y croire, tant ces faits semblaient inouis.

Napoléon III, dans les phases si accidentées de sa vie, avait toujours fait preuve d'un courage téméraire, et cette défaillance était incompréhensible.

Il fallut cependant se rendre à l'évidence.

On sait les suites de cet effroyable défaite, dont la première conséquence fut la chûte du gouvernement impérial et la proclamation de la République, à Paris, par les membres de l'opposition.

Partisan ou non du régime et des hommes nouveaux, chacun comprit alors l'étendue du péril national et sentit que tous les efforts devaient tendre vers la défense commune.

M. le baron de Barral, sous-préfet de l'arrondissement, donna sa démission, et prit modestement place dans les rangs de la garde nationale.

III.

Démolitions. — Incendies.—Mise de la place en état de défense. — Campement. — Garde au rempart et aux portes. — Rondes.

§ Ier

Avant de suivre, presque jour par jour, les faits saillants de l'investissement et du siège, je vais raconter nos principales occupations.

La guerre a des nécessités terribles ; l'une des plus regrettables est le désert qu'elle impose aux abords d'une ville fortifiée.

Nous fûmes chargés de l'œuvre de destruction. Le conseil de défense avait longtemps reculé devant la responsabilité de ces cruelles mesures, mais il fallut enfin se décider.

On commença par abattre, à coups de hache, les beaux arbres qui ombrageaient les remparts extérieurs. Fendus, taillés en pointe, ils servaient à former des palissades.

Bientôt, la démolition atteignit les habitations comprises dans la première zône militaire. Situées trop prèsde l'enceinte elles gênaient le tir de l'artillerie et pouvaient servir d'abri à l'ennemi qui, en les crénelant, nous aurait fusillés à bout portant.

On a reproché aux Mobiles d'avoir mis à leur tâche une ardeur sauvage. Il ne me sera pas difficile de les disculper.

C'était pour nous un travail répugnant que de jeter à bas ces constructions et d'accumuler tant de ruines, mais l'ordre était d'aller vite, les Prussiens approchaient.

Nos hommes n'avaient pas appris l'art du démolisseur ; ils n'avaient que de mauvais outils et étaient forcés de faire tomber pierre par pierre. L'idée me vint, un matin, de faire apporter des cordes pour hâter la besogne.

Les travailleurs, formant une grappe vigoureuse, leur imprimaient simultanément de violentes secousses, et des pans de murs entiers se détachaient avec fracas, au milieu d'un nuage de poussière.

La réussite faisait alors éprouver un court moment de satisfaction qu'on attribuait, à tort, au bonheur de faire le mal.

Aurait-on préféré que chaque Mobile imitât Marius, pleurant sur les ruines de Carthage?

Les bras ne suffisant pas, le feu fut appelé à leur aide pour achever d'étendre la désolation. Ce fut un spectacle navrant que de voir, en plein soleil, les flammes et des colonnes de fumée s'élever dans les airs.

Pendant qu'une partie de la garnison était ainsi occupée au dehors, le reste était employé à mettre l'intérieur de l'enceinte en état de défense.

Nos compagnies travaillaient, sous la direction de conducteurs des ponts et chaussées, à creuser les banquettes (chemins de ronde qui abritent les sentinelles) et à former, au moyen de terrassements, un immense talus devant la poudrière Saint-Léger. Cette dernière tâche convenait d'autant moins aux Mobiles qu'ils savaient travailler en pure perte, puisque de l'avis même des officiers du génie, il aurait fallu plusieurs mois pour terminer cette montagne.

La poudrière était vide d'ailleurs, et les munitions avaient été réparties, à chaque bastion, dans des casemates à l'épreuve des projectiles.

De leur côté, les artilleurs plaçaient des sacs de terre et des gabions près des embrâsures des pièces et s'exerçaient à leur manœuvre.

La place comprenait une vingtaine de bastions, armés d'environ 120 bouches à feu de divers calibres, parmi lesquelles un assez grand nombre de pièces de 4 rayées. Ces dernières avaient fait merveille en 1859, dans la guerre d'Italie, mais ne pouvaient résister à la puissante artillerie de siège des Prussiens.

Les canons, à plus longue portée, étaient du calibre 24. Plusieurs, à âme lisse, dataient du règne de Louis XIV et l'on remarquait, sur leur croupe de bronze, le soleil de la grande époque avec la devise latine. « Nec pluribus impar. »

2.

Un barrage avait été établi sur la rivière d'Aisne pour inonder les fossés, mais ce moyen de défense n'avait réussi que partiellement et tout un côté des fortifications se trouvait à sec.

Le hameau et la plaine de Saint-Médard, en revanche, se ressentirent trop de cette crue forcée des eaux.

§ II.

Indépendamment des travaux cités plus haut, notre compagnie montait la garde, tous les trois jours, sur le rempart, à la place de bataille qui lui avait été assignée. Elle comprenait, pour le 2ᵉ bataillon, le bastion nᵒ 9, et s'étendait de la rue Saint-Christophe à la rue Glatigny.

Des tentes avaient été dressées sur le jeu de paume, campement agréable par sa situation. C'est dans ces cônes de grosse toile, que se reposaient les hommes, après deux heures de service. Malgré des réclamations incessantes, nous ne pûmes jamais obtenir un renouvellement fréquent de la paille qui leur servait de lit. Aussi une telle quantité d'insectes malfaisants y élit domicile, que nos soldats quittaient la tente. Ils passaient la nuit assis sur des troncs d'arbres, auprès d'un feu qu'ils alimentaient, à grande peine.

On prétendit que ces foyers, pourtant bien modestes, pourraient attirer les regards de l'ennemi et les pauvres Mobiles n'eurent même plus la possibilité de se réchauffer.

Par ces nuits de septembre où la pluie tombait sans relâche, après une dure faction, leur dénuement les empêchait de remplacer leur blouse mouillée, et le lendemain, à défaut du soleil pour les sécher, ils n'avaient que leur chaleur naturelle.

Cependant, les magasins regorgeaient de bonnes capotes grises et autres effets d'équipement.

Mais c'était un dépôt sacré, paraît-il, réservé exclusivement au 15ᵉ de ligne.

L'abondance était là près d'eux, et nos Mobiles se morfondaient sur les remparts ! Triste exemple de notre organisation militaire.

Nous avions à notre disposition une grande tente que mon capitaine partageait fraternellement avec moi. Trois bottes de paille, une table boiteuse et une chaise, en formaient tout l'ameublement.

La nuit, nous nous permettions le luxe d'une bougie. Un factionnaire veillait au dehors.

La première fois que je m'étendis sur cette couche rustique, j'éprouvai un certain sentiment de satisfaction. Les lits trop moëlleux me semblaient méprisables.

Mon ordonnance, gros garçon, plein de dévouement qui, je ne sais pourquoi, m'avait choisi pour son maître, dormait près de moi d'un profond sommeil.

Mais, malgré la fatigue, on ne repose jamais complètement sous la tente. J'entendais le pas des gardes qu'on venait relever à l'heure voulue, ou bien cet avertissement que la nuit rendait solennel : « Sentinelles, prenez garde à vous » et auquel répondait ce cri grave et traînant : « Entendu »

Vous avez probablement, comme moi, mes chers camarades, éprouvé cette impression pénible qui me saisissait, quand vers 3 heures du matin, j'étais brusquement réveillé par un soldat portant une lanterne.

Le condamné à mort doit ressentir quelque chose d'analogue, quand on vient lui annoncer que le fatal moment est arrivé.

On se frotte les yeux, on regarde sa montre, on se chausse en grommelant et l'on suit l'homme au falot ; s'il pleut, c'est un agrément de plus.

Puis, vous tournez autour des cavaliers (terme de fortification) et longez les banquettes.

Les factionnaires, qui aperçoivent de loin la lueur vacillante, barrent le chemin de leur mieux. Les uns présentent leur baïonnette dans l'œil, les autres oublient de la croiser. Plusieurs à qui je reprochais cette dernière faute, me répondirent ingénument : « Pourquoi faire, je vous reconnais ? »

Quant aux mots d'ordre et de ralliement, les Mobiles n'y purent jamais rien comprendre. Il faut avouer d'ailleurs que c'était toujours des noms de villes et d'hommes illustres, de toutes les époques, qui exigeaient certaines connaissances d'histoire et de géographie.

La garde au rempart était un agréable passe-temps, en comparaison de celle des portes.

Mon bataillon avait la surveillance spéciale de la porte dite Saint-Christophe ou de Paris.

Les officiers avaient obtenu la faveur de passer la nuit dans le pavillon de l'octroi, sur un matelas que chacun de nous apportait. Le sol était carrelé et formait une couche dûre et froide qui faisait regretter la paille de la tente.

Quoique la faculté de nous éclairer au gaz nous eût été laissée, ce séjour nocturne était d'une tristesse navrante.

Inutile de raconter que là aussi, nous étions poursuivis par les rondes plus ou moins *majors*, forcés de nous lever à la hâte, et d'achever devant le poste, sabre au poing, un rêve commencé.

IV.

§ Ier

Vers le milieu de septembre, nous procédâmes à l'élection d'un nouveau commandant, en remplacement de M. Carpentier devenu lieutenant-colonel, ainsi qu'on l'a vu plus haut.

M. d'Auvigny, capitaine de la 6ᵉ compagnie et ancien officier de cavalerie, réunit le plus grand nombre de suffrages.

Nous choisîmes ensuite de même un capitaine et un lieutenant. Par suite de ces promotions, un emploi de sous-lieutenant restait vacant.

Mon frère, comme je l'ai déjà dit, sergent-major dans ma compagnie, fut proposé au commandant de place, et passa à la 2ᵉ compagnie.

Je fus très-heureux de son avancement qui le fit entrer dans le corps d'offciers et lui rendit l'existence plus douce.

A ce propos, je me rappelle, avec plaisir, combien nous étions tous unis par une franche camaraderie, sans distinction d'âge ni de grade.

Les 25 officiers du bataillon, prenaient leurs repas à la même table, avec entière liberté pour chacun d'émettre son opinion et ses remarques.

Il n'était pas interdit de mêler de la gaieté aux conversations graves et techniques. Nous formions une réunion de famille, d'amis qui sentaient qu'ils mourraient peut-être ensemble. Cette pensée est un lien puissant.

L'hôtel qui pourvoyait à notre subsistance, était le plus en renom, ce qui n'empêcha pas un certain nombre de mes commensaux, de se plaindre de l'alimentation. On verra plus loin comment il y fut remédié.

Leurs réclamations étaient-elles fondées ? J'avoue ne pas les avoir approfondies. La vie des camps me donnant alors un appétit dévorant et un estomac sans exigence.

§ II.

Parmi les troupes qui concouraient à la défense de la ville, se trouvaient des artilleurs de la Mobile de Lille, dont j'ai déjà mentionné la présence.

Leur campement était près du nôtre.

Eloignés de leurs parents, confinés dans une place aussi triste que Soissons, ils conçurent un projet de distraction très-louable. Ils comptaient dans leurs rangs des chanteurs d'un certain mérite et tous connaissaient plus ou moins parfaitement les chants particuliers à leur pays.

Encouragés par leur capitaine, M. Franchomme, ils se firent entendre devant un auditoire d'abord peu nombreux, mais qui s'accrut rapidement.

Bientôt, on ne parla plus que des concerts de l'artillerie lilloise.

C'était un spectacle étrange et vraiment fantastique que ces réunions du soir, qui empruntaient aux circonstances, à la disposition des lieux et à l'heure, une poétique solennité.

Elles avaient lieu près du jeu de paume, au pied du rempart.

Quatre gros arbres servaient de siéges aux officiers de la garnison et aux notabilités de la ville. Au milieu, un feu de bivouac projetait ses lueurs incertaines sur les assistants et les artistes.

Un grand nombre de Mobiles garnissaient, en gradins, la pente du talus et formaient le fond du tableau.

Au delà, aucune lumière, aucun bruit.

Le patois du Nord se donnait alors libre carrière.

Chansonnettes grivoises, chants patriotiques, romances nouvelles, étaient interprêtés par des voix jeunes et bien timbrées.

Après quelques séances, nous pûmes répéter en chœur les refrains de ces couplets, ce qui ajoutait au charme.

Nous nous divertissions ainsi bien innocemment et à peu de frais, mais notre plaisir fut de courte durée.

Les quelques dames, qui n'avaient pas quitté Soissons, désirant aussi profiter de ces concerts, se glissèrent furtivement le long des rues qui avoisinent le rempart. Des bribes de chansons légères parvinrent à leurs oreilles ; elles s'en plaignirent à leurs maris et défense fût faite aux artilleurs de Lille d'évoquer désormais les souvenirs du foyer.

Nous étions, dès lors, condamnés à nous coucher sans... chanter !

V.

Fausse alerte. — Le général de Liniers. — Destruction des ponts et ouvrages d'art. — Les parlementaires. — Prisonniers prussiens. — Catastrophe de Laon.

§ Ier

3 septembre.

Un incident sans importance, causa dans la ville, une alerte assez vive.

Le bruit courut qu'on venait d'apercevoir, à la gare, un parti de hulans. Les abords de la porte St-Martin furent aussitôt garnis de troupes, et un détachement s'élança dans la campagne d'où il revint, sans avoir rien découvert.

Un soldat du 15ᵉ de ligne, en reconnaissance avec quelques autres, dans les environs de la montagne Ste-Geneviève, ayant déchargé son fusil sans motif apparent, ses compagnons l'imitèrent.

Ces détonations intempestives avaient fait supposer la présence d'éclaireurs ennemis.

Mais bientôt l'inquiétude disparut quand on eût appris ce qui s'était réellement passé.

§ II.

Le corps d'armée du général Vinoy, qui n'avait pas donné, put rétrograder et rentrer intact à Paris, avec tout son matériel.

Le général de division de Liniers, qui commandait à Châlons la 4ᵉ division militaire, arriva à Soissons, le 5 septembre. Le lendemain, il fit publier ce qui suit :

Ordre du jour :

« Le général commandant la 4ᵉ division militaire, fait connaître

« aux troupes de la garnison et aux habitants de Soissons, que par
« ordre du ministre de la guerre, il prend le commandement de la
« place.

« Dans les circonstances graves où nous nous trouvons, le maintien
« de la discipline la plus sévère, est avant tout, un devoir impérieux
« pour lui ; un conseil de guerre va être immédiatement orga-
« nisé. Il sera appelé à juger conformément aux lois militaires
« tout individu qui se rendrait coupable de déprédation ou d'in-
« discipline. Les décisions prises par ce conseil, seraient immé-
« diatement exécutées avec la dernière rigueur.

« Le général fait appel au patriotisme et au dévouement de tous
« pour éviter la sévérité des mesures devant lesquelles il ne recu-
« lerait pas.

« Au quartier général, à Soissons, le 6 septembre 1870.

« Le général commandant la 4ᵉ division militaire,
« De Liniers. »

Le jour même de cette proclamation, son auteur, obéissant,
paraît-il, à des ordres contraires, prit la route de Paris, par
Compiègne, nous abandonnant à nos seules ressources.

Il est vrai, que pour expliquer ce départ dont l'effet moral
fut désastreux, le général avait laissé un autre ordre du
jour, qui ne reçut aucune publicité. En voici néanmoins la
teneur :

« Le général commandant la 4ᵉ division militaire a reçu du
« ministre de la guerre l'ordre de se rendre immédiatement à Pa-
« ris, au moment où il faisait appel au patriotisme des habitants
« de la ville de Soissons, et où il s'apprêtait à concourir avec eux à
« la défense de la ville.

« Le général quitte avec beaucoup de regrets cette loyale et
« brave population de Soissons qui fera son devoir dans les graves
« circonstances que nous traversons et dont le dévouement sera à la
« hauteur des épreuves qu'elle pourra peut-être avoir à supporter.

» Le général de division, commandant la 4ᵉ division
militaire.
« Mᶦˢ De Liniers. »

La division du général d'Exéa, forte d'environ 15,000
hommes, au lieu de renforcer la garnison, traversa simplement la ville et se replia, aussi en toute hâte, vers la capitale.

Il est juste de constater ces faits qui ont exercé une in-
fluence sur la reddition.

§ III.

6 septembre.

Autre fausse alerte causée par deux violentes détonations : le génie avait fait sauter l'arche de culée du pont de Villeneuve-St-Germain, établi sur la rivière d'Aisne, sans l'annoncer préalablement à la population.

9 septembre

Vers le milieu de la nuit, la gracieuse passerelle du Mail fut brusquement arrachée des piliers qui la soutenaient et précipitée dans les eaux.

Destruction inutile et prématurée, puisque ce pont se trouvait sous le canon de la place !

10 septembre

On apprit le lendemain, que l'ennemi s'était montré, à quelques kilomètres.

M. Brun, adjoint de Bucy-le-Long contraint par les Prussiens, d'apporter, à la tombée de la nuit une lettre, au commandant de place, fut atteint d'une balle à la cuisse : victime d'une regrettable méprise.

La porte de Laon était fermée ; la sentinelle, Mobile du 6ᵉ bataillon, ayant crié le « qui vive ? » d'usage, et n'ayant pas entendu de réponse, avait fait feu, croyant avoir des Allemands devant elle.

Vers midi, quatre cavaliers prussiens, avec le drapeau blanc de parlementaire, se présentèrent à la porte de Reims. Les ponts-levis étaient levés. Un soldat du 15ᵉ de ligne court prévenir le commandant de place, qui arrive, fait abaisser un des ponts-levis et se dirige vers le parlementaire resté derrière le retranchement.

Après un salut, l'officier prussien demande quelles sont les intentions de la place. M. de Noüe répond avec fermeté que la ville est dans un excellent état de défense et que sa résolution est de résister.

L'entrevue ne dura que quelques minutes.

Deux heures après, on portait à la connaissance des habitant la lettre suivante :

Soissons, le 10 septembre 1870.

Monsieur le Maire,

« J'ai l'honneur de vous prévenir qu'un parlementaire prussien
« vient de se présenter à la porte de Reims, et m'a demandé de
« la part du maréchal qui commande le corps d'armée quelles
étaient les intentions de la place.

« J'ai répondu que le maréchal devait savoir qu'un officier n'a-
« vait qu'une ligne de conduite, et devait remplir jusqu'au bout la
« mission qui lui était confiée; que la place était bien armée, qu'elle
« avait une garnison imposante et animée du meilleur esprit, que
« les habitants étaient prêts à tous les sacrifices; que tout le
« monde en un mot, était disposé à s'ensevelir sous les murs plu-
« tôt que de se rendre.

Veuiller agréer, etc. . .

« Le Lieutenant-Colonel commandant la place de Soissons.

« de Noue, »

12 septembre

On s'attendait dès lors à un prochain bombardement.

Toutes nos communications avec Paris sont coupées; il n'arrive plus aucun courrier, et l'on sait d'une manière positive que l'ennemi inonde nos campagnes qu'il accable de réquisitions.

Cinq Prussiens appartenant à des régiments différents, se laissèrent prendre, ce soir là, dans un faubourg, avec une voiture et plusieurs chevaux.

La curiosité était très-vive, aussi ce fut avec peine, que je parvins à pénétrer dans le corps de garde où ils étaient gardés provisoirement. Leur état de santé ne paraissait pas avoir souffert du délabrement de leurs uniformes.

14 septembre.

Nous tirons notre premier coup de canon, du rempart de la porte Saint-Martin, sur une troupe de cavaliers ennemis qui se trouvait au passage à niveau de la ligne de Soissons à Reims.

Quelques heures plus tard, nos artilleurs recommencent

pour tenir en respect les Prussiens qui s'aventurent sous le feu de la place, se dirigeant sur Paris.

Vers midi, nouveau parlementaire, à la même porte, nouvelle lettre de M. Noüe.

Monsieur le Maire,

« J'ai l'honneur de vous faire savoir qu'un nouveau parlementaire s'est présenté devant la place de la part du commandant du 4ᵉ corps prussien. Le parlementaire m'ayant posé la question de la reddition de la place, je lui ai fait connaître de nouveau qu'elle était en parfait état de défense, et que la population aussi bien que la garnison était décidée à conserver à la France la place importante de Soissons.

« Recevez etc. . .

« de Noue. »

Il faut reconnaître que le commandant de place ne se laissait pas intimider par les parlementaires.

L'après midi, en manière de bravade, l'ennemi lança plusieurs obus, dans la direction de la poudrière St-Léger. L'un d'eux creva le toit d'une des maisons de la rue Frize-Bois, sans occasioner d'autre dégât ni blesser personne.

Chacun désira posséder un éclat de ces projectiles, pensant qu'ils seraient uniques, mais leur rareté fût bien diminuée par la suite.

Le même jour, six nouveaux prisonniers, appartenant à la garde royale prussienne, furent capturés audacieusement, sur la route de Laon, au moulin à vent de Laffaux. Au nombre des personnes qui ont joué un rôle actif dans cette affaire, je cite avec plaisir MM. Lefèvre, de Juvigny, Dumont, percepteur à Chavignon, François et Edmond Chauvin, de Laffaux et Champion, de la Chaumière.

Bravant le danger, dissimulant leurs fusils de chasse sous leurs vêtements, ils avaient pénétré dans une écurie où se trouvaient les ennemis. Couchés en joue, les prussiens surpris, avaient demandé grâce de la vie, en prenant une position significative.

M. le baron de Courval qui passait à cheval, escorta les captifs jusqu'à Soissons et les remit sans encombre aux mains du Commandant de place.

§ IV

Ici je ne puis passer sous silence, bien que ce récit sorte de mon cadre, la catastrophe horrible qui signala l'entrée des Prussiens, dans le chef-lieu du département de l'Aisne. L'extrait suivant d'un journal de Laon : Le *Courrier de l'Aisne,* contient une juste appréciation sur l'explosion de la citadelle.

« On a évalué à environ 460 le nombre des victimes. Du côté des « Français, il y aurait 200 Mobiles tués ou disparus, dont 11 « officiers et 150 plus ou moins grièvement blessés, dont le général « Thérémin d'Hame (mort depuis) et 9 officiers ; du côté des « Prussiens, 30 morts dont 2 officiers et 65 à 70 blessés parmi « lesquels le duc de Mecklembourg, ce dernier légèrement.

« L'explosion de la citadelle, au lieu d'être considérée comme un « grand exemple, doit-être envisagée comme un fait regrettable. « C'est un guet-apens que d'attenter aux jours d'un détachement « qui, sur la foi de la parole donnée, et aux termes d'une capitulation « dûment consentie, se présente dans les conditions prescrites, « inoffensif et confiant.

« Au dessus de toutes les vertus civiles et militaires, on « a toujours, en France, placé la loyauté. Or, c'est la loyauté qui a « reçu la plus grave atteinte dans la catastrophe de Laon. « Heureusement, le général Thérémin était au-dessus du soupçon « et l'on a su, dès le premier jour que le coupable était un garde « d'artillerie nommé *Henriot,* qui s'est fait du point d'honneur, « une bien fausse idée.

« Le malheureux a payé son erreur de sa vie.

VI.

Marche de l'ennemi. — Venizel. — Conseil de guerre et dégradation militaire. — Sortie de Ste-Geneviève.

§ Iᵉʳ.

15 septembre.

Indépendamment des ponts, dont j'ai relaté la destruction, le génie avait amoncelé, dans le tunnel de Vauxaillon, des matériaux de toute espèce, qui en rendaient le passage impraticable. Il avait préféré en agir autrement, à l'égard de celui de Vierzy, qui gardait la route de Paris. La mine, sans le faire sauter complètement, détermina l'éboulement de quelques centaines de mètres. Obstacle insuffisant pour arrêter nos ennemis habiles et patients !

Toutefois, pendant plus d'un mois, ils furent obligés, dans leur trajet vers Paris, de tourner la montagne qui domine le chemin de fer, et de faire passer leurs immenses approvisionnements et leur matériel, par des routes à peine tracées.

La résistance de Soissons n'aurait-elle servi qu'à entraver leur marche, c'est un résultat de quelqu'importance ?

L'armée prussienne, laissant, à mesure qu'elle s'avançait. quelques troupes de la landwher, dans les localités les plus importantes, suivit deux voies, pour atteindre la capitale : la vallée de la Marne par Braîne, Oulchy-le-Château et Château-Thierry, et la vallée de l'Aisne par Compiègne.

*
* *

16 septembre.

Grand émoi ce soir dans la ville. Je me rendis à la porte St-Martin, où il circulait dans une foule anxieuse, des histoires à faire trembler. Les Prussiens, disait-on, occupaient Vénizel, et vingt-cinq hommes résolus de la garde nationale, dont le lieutenant Denis, avaient dû être faits prisonniers. Déjà, l'on réclamait du secours pour cette vaillante petite troupe, quand elle revint, ramenant une dizaine de soldats ennemis. Ils furent provisoirement enfermés dans une casemate, près du poste, où je parvins à les visiter, au moment où plusieurs officiers échangeaient avec eux quelques mots en leur langue. Ces malheureux ne paraissaient pas rassurés. Un jeune cavalier saxon, consentit, après bien des pourparlers, à me céder ses épaulettes de cuivre moyennant un prix peu élevé.

*
* *

A propos de notre situation, on verra par ce qui suit, comment elle était connue de la presse de Paris.

Un officier s'était procuré, je ne sais par quel moyen, un numéro du *Gaulois*. Ce journal entretenait longuement ses lecteurs de l'armement de Soissons qu'il représentait comme un petit Metz, et s'étendait sur les ouvrages fortifiés qui, d'après lui, défendaient les montagnes. Le rédacteur finissait en disant que la place était, d'ailleurs, commandée par un officier d'énergie. M. Roques Salvaza. Or, ce dernier n'était que chef d'escadron de l'artillerie, mais était l'abonné du *Gaulois*. Il y avait là, je crois, plus d'ignorance que de flatterie.

§ II.

17 septembre.

Le conseil de guerre, présidé par M. Carpentier, eût à juger plusieurs accusés, dont un artilleur du 8e régiment, nommé Humbert. Ce dernier, d'un caractère violent, avait failli donner la mort à l'un de ses camarades. Cette tentative d'homicide fut punie par dix ans de réclusion et la dégradation militaire.

Le jugement reçut son exécution le dimanche suivant, sur la Grand'Place.

Toute la population s'y était portée.

C'est un spectacle poignant que ces détails de la dégradation militaire, même à l'égard d'un simple soldat, et ceux qui en sont témoins, ne peuvent jamais les oublier.

Au milieu d'un vaste carré formé par des détachements de toutes armes de la garnison, le condamné fut amené, en petite tenue. Après lui avoir donné lecture du jugement, on déchira tous les passe-poils rouges qui garnissaient le képi et la veste. Puis les boutons d'uniforme furent détachés successivement, pour témoigner que le coupable a complètement cessé d'appartenir au régiment qu'il a déshonoré.

Cette opération terminée, au bruit des tambours et des clairons, il parcourut lentement les quatre faces du carré, escorté de gendarmes qui le conduisirent à la prison.

Humbert avait une tête mâle et pleine d'expression qui frappa tous les assistants.

§ III.

20 septembre,

Après des essais infructueux d'incendie, le conseil de défense, sentant l'approche de l'ennemi, s'était décidé à faire abattre une partie des bois qui dominaient la place, du côté de la ferme Ste-Geneviève.

L'ordre fut donné à trois compagnies d'aller occuper cette position, et de procéder à l'abattage.

La 2º compagnie, commandée par le capitaine Roussel et mon frère, prit les devants, par l'avenue de la gare.

M. Deflandre, se trouvant de service, je la suivis à peu de distance, à la tête de la mienne. Une compagnie du 6º bataillon de la Mobile marchait derrière nous.

Nous atteignons la gare, sans encombre. Ce silence nous inquiétait, car nous savions les Prussiens dans le voisinage, et nous craignions un piège.

Quelques hommes furent envoyés en éclaireurs.

Puis notre petite colonne prend la route de Fère-en-Tardenois, et s'engage dans la montagne.

En ce moment, nous faisons la rencontre d'une femme qui nous apprend que deux dragons bleus venaient de traverser le chemin au galop. Une fusillade assez nourrie éclate, sur la gauche, au même instant.

Le capitaine Roussel et ses hommes avaient disparu.

Faisant halte, le capitaine du 6ᵉ bataillon et moi, nous nous consultons et après nous être fait précéder de deux escouades, nous continuons à gravir la montagne.

Arrivés à un coude, vers le milieu, nous n'aperçûmes plus notre avant-garde, mais nous entendîmes distinctement des coups de hache qui résonnaient en haut des bois. Nous ne tardâmes pas à reconnaître les Mobiles de la 2ᵉ compagnie qui étaient montés à travers les arbres, et s'étaient mis à l'œuvre.

Je croyais nos éclaireurs avec eux. Leur absence m'inquiétait, et je n'en eus l'explication qu'à la fin de la journée. Soit qu'ils aient mal interprété mes ordres, soit qu'ils n'aient pas remarqué les autres travailleurs, ils avaient continué leur marche jusqu'au village de Septmonts. Grave imprudence qui faillit coûter la capture de quelques-uns par l'ennemi, et donna lieu à l'ordre du jour ci-après.

L'abattage continua jusqu'à 5 heures, sous la protection d'une ligne de sentinelles avancées. M. d'Auvigny vint à cheval à notre rencontre, et nous redescendîmes par la même route, sans avoir brûlé une cartouche.

La fusillade que nous avions entendue au début, provenait d'un léger engagement entre un détachement du 15ᵉ de ligne, chargé de déboiser la butte de Villeneuve et des dragons prussiens.

Nos soldats purent se replier sans pertes.

Voici l'ordre du jour auquel j'ai fait allusion plus haut :

« Le commandant rappelle au bataillon, que les lois militaires « punissent de peines sévères tout homme qui quitte un poste « armé pour quelque motif que ce soit, même pour poursuivre « l'ennemi. Cette disposition s'applique principalement aux éclai- « reurs qui ont surtout pour mission de prévenir la troupe qu'ils « protègent ; s'ils sont attaqués ils doivent se borner à répondre, « en faisant feu et en se repliant sur le gros de la troupe. »

VII

Affaire de Beugneux. — Le major Denis. — 1ʳᵉ sortie sur la gare et le faubourg de Reims. — Les Prussiens au cimetière.

§ Iᵉʳ.

23 septembre.

Bien qu'elle dépasse les limites que je me suis imposées, j'arrive à l'affaire de Beugneux si diversement appréciée.

Les détails les plus importants m'ont été fournis par celui même qui fût l'âme de l'expédition.

On avait appris, à Soissons, qu'une troupe d'une vingtaine de cavaliers prussiens, occupait deux fermes, à Beugneux, village situé à près de cinq lieues.

M. Guyot, garde national d'esprit aventureux et d'un grand courage, conçut le dessein d'en opérer la capture. Pour bien sonder le terrain, il se rendit d'abord seul, sans armes, chez M. Duval, l'un des fermiers.

Il se trouva à la même table que l'officier prussien commandant le détachement. Ils furent l'un pour l'autre d'une extrême politesse. Le capitaine allemand regrettait la guerre, parlait avec émotion de sa femme et de ses enfants auxquels le devoir l'avait arraché. Au moment de se quitter, une poignée de main fut même échangée.

Il était à peu près 7 heures du soir.

M. Guyot revint en hâte à Soissons, se concerta avec le commandant de place et emmena vers Beugneux trente volontaires déterminés. Ses mesures avaient été si bien prises que les deux fermes furent cernées, sans que l'alerte pût être donnée.

C'était au milieu de la nuit.

L'officier prussien réveillé en sursaut, veut défendre sa vie, au moment où l'on pénétre dans sa chambre; il tombe percé de plusieurs coups de baïonnette.

J'ai vu, le lendemain, une de ces armes ensanglantées, et la mère de MM. Bonnouvriée dit Fontaine, qui se sont distingués en cette occasion, m'a montré, avec un orgueil patriotique, le sabre du capitaine tué par ses fils.

Un vétérinaire fut plus heureux, on lui fit grâce de la vie et il fut ramené dans la ville où il resta prisonnier sur parole.

La lutte cependant ne s'était pas bornée à cet unique fait d'armes. Les cavaliers de la ferme de M. Moussu, avaient cherché à résister; deux des leurs furent tués, et treize autres avec un assez grand nombre de chevaux, furent conduits à la place, et de là internés au petit séminaire de Saint-Léger.

Les lois de la guerre sont inexorables et doivent évidemment chasser du cœur tout sentiment d'humanité envers l'ennemi, néanmoins, bien des gens ne purent s'empêcher de regretter, je ne dis pas la mort violente de l'officier prussien, mais les circonstances et le repas qui l'avaient précédée.

Quoiqu'il en soit, cette expédition nocturne, pleine de périls, fait le plus grand honneur au courage des volontaires de la Garde Nationale, et M. de Noüe l'a reconnu avec justice dans l'ordre du jour suivant :

ORDRE DE LA PLACE.

« Le Commandant est heureux de remercier la Garde Natio-
« nale du concours qu'elle apporte à la défense de la place. Depuis
« quelques jours, trois reconnaissances ont été exécutées par la
« Garde Nationale : l'une d'elles (celle de Venizel) a ramené 10
« prisonniers. Dans celle exécutée dans la nuit du 23 au 24, par
« la compagnie de volontaires à Beugneux, à 20 kilomètres de la
« place, il a été fait, à la suite d'une résistance énergique, une
« capture de près de 50 chevaux, d'un vétérinaire, de deux sous-
« officiers, et de 10 soldats. L'officier prussien qui commandait le
« détachement a été tué, ainsi que deux autres militaires. Deux
« blessés ont été portés à l'Hôpital.

« Le présent sera mis à l'ordre des troupes de la garnison et de
« la Garde Nationale.

« Le Commandant de place,
« DE NOUE. »

§ II.

Les reconnaissances continuent. Les Prussiens s'étaient emparés de la gare qu'ils avaient fortifiée. Les meurtrières faites par nous leur servaient.

Ils avaient de plus, pour se préserver, des monceaux assez considérables de briques, sur la droite de l'avenue.

On voulait leur reprendre cette position importante, et le major Denis, du 15e, se mit à la tête d'un fort détachement.

L'engagement fut très-vif, près du faubourg de Reims, et la fusillade dura toute l'après-midi.

Cette sortie nous coûta cher en ce sens qu'elle priva la défense de l'officier le plus énergique.

Le Commandant Denis fut ramené à Soissons, atteint d'une balle à la cheville du pied.

M. Ringuier, l'organisateur de la batterie volontaire, eût l'épaule traversée, et M. Roussel, l'un de ses artilleurs, fut frappé à la poitrine.

Il y eût, en outre, quelques autres blessés, dont un officier de la ligne, et un Mobile de notre bataillon.

§ III.

Une nouvelle sortie fut résolue, ayant toujours pour but de réoccuper la gare et d'écarter l'ennemi, dont les balles atteignaient les artilleurs de la porte St-Martin.

Notre bataillon avait à fournir son contingent.

Ce fut au capitaine Lambert, ancien officier de chasseurs à pied en Crimée, que revint le dangereux honneur de conduire au feu 100 hommes de sa compagnie, avec M. Lemaire Constant), son sous-lieutenant.

Il choisit pour lieutenant, un de mes amis, Lucien Bodelot, ancien sous-officier de cuirassiers, sur l'énergie duquel il savait pouvoir compter.

Je me rappelle les quelques paroles bien senties que ce dernier adressa à sa troupe, avant de marcher à l'ennemi. Je ne puis répéter tout ce qu'elles contenaient de mâle, mais ce langage accentué produisit son effet. Les grandes circonstances ne veulent pas de longs discours.

Ils partent.

Nous restons massés dans la cour de la caserne, prêts à voler à leur secours, si l'utilité s'en fait sentir. Le canon gronde, et le crépitement de la fusillade nous apprend bientôt que l'action est engagée.

Elle dura plusieurs heures.

Quelques blessés, dont 5 Gardes du 2ᵉ bataillon furent transportés à la caserne sur des brancards.

A la rentrée des détachements, vers le soir, ce fût une joie d'apprendre qu'aucun de nos collègues n'avait été atteint.

Bodelot avoua néanmoins qu'ils avaient eu chaud, et les Mobiles racontèrent que le capitaine Lambert et lui, étaient restés courageusement debout pendant toute l'action. Ai-je besoin d'ajouter que le sous-lieutenant Lemaire reçut aussi dignement le baptême du feu ?

L'ordre du jour suivant rapporte ainsi les faits :

ORDRE DU JOUR.

« Une sortie ayant pour but de chasser les Prussiens du fau-
« bourg de Reims et d'incendier leurs abris a eu lieu le 26, à 5
« h. du soir ; 200 hommes du 15ᵉ étaient sous les ordres de M. le
« capitaine de Tugny ; la moitié, sous la conduite de M le lieute-
« nant Jacquelin, du recrutement de la Marne, a pénétré dans le
« faubourg de Reims, sous un feu des plus vifs.

» Encore une fois, M. Denis, lieutenant de la Garde Nationale,
« a guidé nos hommes sur le terrain ; par sa parfaite connaissance
« des lieux, par son sang-froid et son courage, il nous rend les plus
« utiles services.

« Se sont parfaitement signalés :

» Le fourrier Maury, les caporaux Saillard, Vallot, blessés ;

« Hehnie, blessé ; les soldats Coulmy, Marmeraude, Martin (Louis)
« et 3 tirailleurs algériens qui se sont déjà signalés le 24.

« M. le capitaine Lambert, du 2ᵉ bataillon de la Garde Mobile
« a exécuté, avec 100 hommes sur la droite, pour appuyer le 15ᵉ
« un mouvement qui a été parfaitement accompli.

« Le commandant est heureux de féliciter le capitaine Lambert,
« les lieutenants Bodelot et Lemaire, les sous-officiers du bataillon
« auxquels s'était joint le sergent Botiaux, des volontaires de la
« Garde Nationale, enfin tous les Mobiles du 2ᵉ bataillon qui ont
« assisté à l'affaire.

> « Le commandant de place,
> « (Signé) DE NOUE. »

Je crois juste de consacrer ici quelques lignes à M. le capitaine de Tugny, dont il est question dans l'ordre du jour
précédent.

Ancien capitaine d'infanterie, Chevalier de la Légion
d'Honneur, M. de Tugny avait repris au 15ᵉ de ligne, le
commandement d'une compagnie, aussitôt les premiers
désastres.

Marié, père de famille, il donna l'exemple du vrai patriotisme, et montra, en plusieurs occasions, que la vie civile
n'avait en rien diminué ses brillantes qualités militaires.

§ IV.

27 septembre

Les Prussiens faisaient preuve d'une témérité sans égale ;
ils s'avançaient, sur la route de Compiègne, jusqu'au cimetière et aux maisons du faubourg St-Christophe, comprises
dans la seconde zône.

Chaque jour, un piquet que nous commandions, à tour de
rôle, était posté près de la place du marché aux chevaux pour
protéger les travailleurs du rempart extérieur.

M. le capitaine de Verneuil, de la 7ᵉ compagnie, et ses
deux officiers, MM. Cluet et de Bignicourt, s'avancèrent
plus loin, et parvinrent, après un échange de coups de feu,
à déloger l'ennemi des abords de la place. Il rapportèrent
même plusieurs sacs, des livrets et des bibles, que des soldats
allemands avaient abandonnés, dans leur fuite précipitée.

Cette sortie, quoique de peu d'importance, facilita le transport d'objets de literie appartenant à l'Etat, et qui étaient déposés dans un bâtiment de la route de Paris, affecté à cet usage.

Les Prussiens en ayant repris possession quelques jours après, un obus parti de nos batteries l'incendia.

VIII

2ᵉ sortie du faubourg de Reims. — Aventure de M. Vélain. — Incendie.

§ 1ᵉʳ

28 septembre.

La sortie du 26 n'avait pas amené de changements notables dans la situation. Les Prussiens persistaient à occuper le faubourg de Villeneuve.

Un nouvel effort fut tenté. Ma compagnie et la seconde reçurent l'ordre de se tenir prêtes pour cette œuvre périlleuse.

Désigné pour la garde de la porte Saint-Christophe, il m'était interdit, malgré tout mon désir, de me joindre aux cinq officiers qui allaient risquer leur vie. Cet empêchement m'était d'autant plus pénible que mon frère faisait partie de l'expédition. Il est facile de comprendre que j'aurais de beaucoup préféré l'accompagner que d'éprouver, pendant plusieurs heures, des angoisses indicibles sur son sort.

J'étais monté sur le rempart pour assister à leur départ. Ils descendirent par une poterne et s'avancèrent lentement sur la route de Reims.

Mon frère dirigeait l'avant-garde, composée de volontaires des deux compagnies.

A peine cette petite troupe eût-elle dépassé les premières maisons du faubourg, que la fusillade éclata.

Les Prussiens commandaient la route, embusqués au passage à niveau du chemin de fer.

Il y eût, paraît-il, un moment d'hésitation parmi les Mobiles, bientôt surmonté par leurs chefs qui les entraînèrent résolûment en avant.

Le détachement se divisa en·trois colonnes dont l'une opérait au centre, et les autres à gauche et à droite, en éventail.

Les balles sifflaient sans relâche et rendaient extrêmement dangereux le court trajet d'un des côtés de la chaussée à l'autre.

Le clairon de notre compagnie, nommé Desbordes, qui s'était offert pour faire partie de l'avant-garde, fut la première victime de la lutte. Il tomba pour ne plus se relever, atteint de plusieurs balles.

Je ne sais si ce pauvre garçon avait le pressentiment de sa fin prochaine, mais quelques jours auparavant, je l'avais arrêté, au moment où il franchissait la porte de Paris pour aller, sans permission, embrasser à son village, sa mère ou sa fiancée! Voulait-il se soustraire à la mort, et pourquoi avais-je le devoir de le retenir ?

Il ne nous fut pas possible de rester longtemps à notre poste d'observation, car l'ennemi, remarquant probablement nos képis au niveau des banquettes, cherchait à nous faire repentir de notre curiosité.

A toute minute, nous entendions ce bruit strident, semblable au bourdonnement de l'abeille, qui indique le passage de la balle et fait baisser instinctivement la tête. Les arbres étaient éraflés tout autour de nous. Un projectile alla même atteindre un vieillard au front dans le jardin de l'hôpital, et l'étendit raide mort.

Voici ce que mon frère m'a raconté sur ce qui s'était passé ensuite.

Se glissant le long des murs, les escaladant, pénétrant avec précaution dans les jardins, fouillant chaque habitation avec soin, nos hommes étaient parvenus jusqu'aux dernières maisons que les Prussiens venaient de quitter en désordre. Puis ils s'y étaient maintenus jnsqu'au soir, tout en exécutant des feux à volonté.

De son côté, le 15e appuyé par le capitaine de Commines, opérait sur l'avenue de la gare.

Pendant ce temps, les volontaires de la Garde Nationale, munis de matières incendiaires, avaient commencé à mettre le feu aux principales constructions, ce qui rendit la retraite difficile aux deux compagnies de Mobiles. Elles furent obligées pour rentrer à la place, de traverser les flammes et la fumée, sur un assez long parcours.

Vers le milieu du faubourg, un épisode tragique avait excité la plus vive compasssion.

La femme d'un ouvrier fondeur du nom d'Aubert, affolée par les détonations incessantes de l'engagement, et poussée par je ne sais quel sentiment, s'élance, malgré tous les avertissements et traverse la route fatale. L'infortunée touchait à peine au seuil de sa demeure, qu'elle fut renversée sans vie. Elle portait un enfant sur les bras et en tenait un autre à la main. Ces deux petits êtres furent ramenés à Soissons par nos Mobiles.

Cette pauvre femme était, dit-on, très-affectée d'ailleurs de l'absence de son mari, dont les Prussiens s'étaient emparé depuis quelque temps.

Cinq morts et un plus grand nombre de blessés, tel fut le triste bilan de cette affaire dont l'ordre du jour suivant rendit compte, en ces termes :

ORDRE DE LA PLACE:

« Dans la journée du 28 septembre, la garnison a tenté d'occu-« per le faubourg de Reims et la gare, M. Pillart, capitaine au 15e « de ligne, avec cent hommes de ce régiment, s'est porté d'abord « sur le pâté de maisons dit Saint-Lazare, et a essayé de gagner « la gare en envoyant sur le flanc droit, M. le lieutenant Duhamel, « du recrutement de la Meuse, et à gauche, M. le lieutenant « Rhoddes, du 15e. La gare était très-fortement occupée par l'en-« nemi. Assailli par un feu très-vif, le 15e eut trois hommes tués « et six blessés.

« La cinquième compagnie du 2e bataillon de la Garde Mobile, « sous le commandement de M. le capitaine de Commines, vint « appuyer le mouvement du 15e ; mais les Prussiens invisibles « et en grand nombre, parfaitement cachés, ne pureut être délo-« gés ; les troupes revinrent à la place à 5 heures et demie du soir. « Outre les officiers cités plus haut, se sont signalés : les ser-« gents Marehat, Couderc, Hécré du 15e de ligne, Marachini, du « recrutement de la Marne, et le fusilier Foy, du 15e. « Pendant ce temps, 150 hommes du 2e bataillon, sous le com-« mandement de M. le capitaine Roussel, sont entrés dans le fau-« bourg de Reims, ont débusqué l'ennemi, qui s'enfuit jusqu'au « passage à niveau et à l'usine Santerre, et s'y sont maintenus « jusqu'à la retraite du 15e de ligne.

« Leur mouvement fut rendu très-difficile parce que l'incendie
« des maisons du faubourg fut mis trop tôt par les volontaires de la
« Garde Nationale. Cette opération a été très bien conduite par M. le
« capitaine Roussel, ayant sous ses ordres MM. Deflandre, capi-
« taine, les lieutenants de Chauvenet, Maudoy et Wolff.

» Se sont signalés parmi les sous-officiers : Blanchard, sergent-
« major à la 2e compagnie, Hubert et Moreau, sergents à la même
« compagnie ; parmi les caporaux : Jumaucourt, caporal à la 2e
« compagnie, Picard, caporal de la 7e compagnie ; Legorju, de la
« 1re. Parmi les Mobiles : Bourgeois, Dubois, Foyer, Pâris, Le-
« droux, Pestel, de la 1re compagnie ; Dalmasse, Garet, Nollet-
« Férin, Housset, Aubry, de la 2e compagnie ; et Foignet, de la 1re
« compagnie.

« Le sieur Leriche, Garde National, qui s'est joint volontaire-
« ment au 15e de ligne, a été grièvement blessé.

« Soissons, le 30 septembre 1870.

> Le commandant supérieur de la place,
(Signé) : « DE NOUE. »

M. Leriche, dont il vient d'être parlé, mourut quelques
jours plus tard, emportant dans sa tombe l'estime profonde
de ses concitoyens pour sa courageuse conduite.

§ II.

Cette sortie fut aussi signalée par un incident dramatique,
dont un de mes meilleurs amis, M. Charles Vélain, faillit
être victime.

Désirant utiliser ses connaissances spéciales, il s'était, au
début de la guerre, spontanément offert à l'ambulance de
Soissons et s'était joint à MM. Cuffer et Tassin, étudiants
en médecine et en pharmacie, détachés de ma compagnie.
Parmi leurs collègues, je dois citer MM. Mickel et Goode-
nought, ce dernier Américain, délégué de la société anglaise.

Ils faisaient partie des différents services, à la tête desquels
s'étaient généreusement placés tous les médecins de la ville.

L'*Argus Soissonnais* raconta, le 29 septembre, de la manière suivante, ce qui était arrivé à mon ami, d'après son
récit :

« Vers cinq heures et demie du soir, au moment où le feu

« semblait avoir cessé, une partie du personnel de l'ambulance
« a quitté la ville, comme cela se pratique d'ordinaire, et il
« s'est alors produit un épisode qui mérite d'être raconté avec
« quelques détails. Une des voitures de l'ambulance s'était
« dirigée vers le faubourg de Reims et l'autre vers la gare. Un
« parlementaire, ayant un drapeau blanc, au bout d'un fusil,
« s'est alors avancé au milieu de l'avenue et deux des internes
« français étant arrivés à portée de la voix, lui ont demandé
« l'autorisation de ramasser leurs blessés et leurs morts. Un
« capitaine prussien les a alors conduits lui-même vers un
« champ appartenant à M. l'ingénieur Letellier et où gisaient
« deux de nos morts, un troisième était seulement blessé.

« Pendant ce temps, la première ambulance, composée de
« M. Tassin, interne, et de quatre infirmiers, se trouvant
« exposée au feu qui n'avait pas encore cessé dans le faubourg,
« se hâta de retourner vers la gare où elle rejoignit la seconde.
« C'est alors que les internes des deux ambulances réunies
« retournèrent près du capitaine prussien, pour se plaindre de
« la continuation du feu dans le faubourg. Il leur répondit que
« la compagnie postée en cet endroit n'était pas la sienne, et
« qu'il allait, malgré cela, faire donner l'ordre qu'on eût à
« cesser le feu. Quelque temps après, le feu ayant effective-
« ment cessé, les deux ambulances prirent la route du fau-
« bourg où on leur avait signalé la présence de plusieurs bles-
« sés, et la seconde s'avança à l'entrée de l'avenue qui conduit
« au château de Villeneuve : un Garde Mobile fut trouvé tué
« en cet endroit.

« Afin de s'assurer s'il n'y avait pas d'autres blessés ou morts
« dans les environs, deux internes, MM. Mickel et Ch. Vélain,
« accompagnés de deux infirmiers, continuèrent leur marche
« jusque vers l'extrémité de l'avenue où ils se trouvèrent sur-
« pris par un poste prussien composé d'une vingtaine d'hom-
« mes, auxquels ils demandèrent l'autorisation de recher-
« cher leurs blessés. Aucun des hommes de ce poste ne con-
« naissait le français, ils crurent qu'ils avaient affaire à des
« parlementaires, et prenant un bandeau, le mirent sur les
« yeux de M. Ch. Vélain, qui tenait à la main un drapeau
« blanc avec croix rouge, signe de l'ambulance, et s'était offert
« le premier. On le fit marcher pendant près d'une demi-heure,

« après l'avoir fait tourner plusieurs fois sur lui-même, et on
« l'amena dans une maison de Villeneuve, où se trouvait alors
« un lieutenant-colonel avec un état-major prussien. Le lieu-
« tenant colonel fit enlever le bandeau et chercha à entrer en
« explications avec M. Ch. Vélain, ce qui était fort difficile,
« puisque ce chef, ainsi que son entourage, ne comprenait
« que quelques mots de notre langue.

« Après un quart d'heure d'angoisse, M. Vélain allait être
« conservé comme prisonnier et comme espion, lorsque, fort
« heureusement, survint un officier entendant un peu mieux
« le français, auquel il fit comprendre qu'il faisait partie de
« l'ambulance française de Soissons, et qu'il ne s'était ainsi
« avancé que pour être autorisé, en cette qualité, à ramasser
« les morts et les blessés de sa nation. L'identité de M. Charles
« Vélain ayant été constatée par ces explications, ainsi que par
« les insignes qu'il portait et les papiers contenus dans son
« portefeuille, il fut l'objet de toutes sortes d'égards et de pré-
« venances. Les officiers lui offrirent des cigares et du café, et
« ils acceptèrent du rhum que M. Vélain avait dans sa saco-
« che et qu'il leur offrit à son tour.

« On l'avertit qu'on allait envoyer un message au colonel
« commandant le corps pour savoir si on le garderait prison-
« nier ou si on le rendrait à la liberté. Pendant la durée de ce
« message qui fut d'environ une heure, M. Vélain demeura
« seul avec deux officiers, et la conversation roula sur les mal-
« heurs de la guerre et sur la nécessité d'une paix prochaine
« pour les deux nations. Le messager étant enfin de retour,
« M. Ch. Vélain fut reconduit, les yeux bandés, aux avant-
« postes prussiens où il retrouva M. Mickel et les deux infir-
« miers dont la position était peu rassurante. En effet, le canon
« de la place continuait à tirer, et les Prussiens indiquaient
« par leurs gestes à M. Mickel et aux deux infirmiers que si
« un ou plusieurs de leurs soldats étaient atteints, ils passe-
« raient eux-mêmes sur-le-champ par les armes.

« M. Vélain était porteur d'une lettre pour le commandant
« de place demandant une suspension d'armes jusqu'au lende-
« main, neuf heures du matin ; il était alors plus de dix heures
« du soir.

« La réponse devait être rapportée immédiatement par les

« deux infirmiers, et elle le fût jusqu'aux avant-postes enne-
« mis où on les retint jusqu'à cinq heures du matin. »

§ III.

Le soir, sur le rempart qui fait face au faubourg, témoin
de l'action, nous contemplâmes un spectacle dont aucun pin-
ceau ne pourrait rendre l'affreux et saisissant effet.

Une lueur immense, se réflétant dans les eaux de la rivière,
s'élançait vers les cieux et colorait les alentours d'une sinistre couleur rouge. Les poutres flambaient, les pierres calci-
nées s'écroulaient avec d'horribles craquements.

La belle usine de M. Dehaitre ne fut bientôt plus qu'un
squelette que l'incendie léchait sans pitié.

Les flammes, mises et activées par des mains françaises,
consumaient, en quelques heures, des richesses que plusieurs
années ne pourront reconstituer.

Terrible extrémité à laquelle un pays civilisé ne devrait
jamais être réduit !

IX.

Changement de pension. — Sorties de Terny et Cuffies. —
Le lancier blanc.

§ Ier

1er Octobre.

J'ouvre ici une parenthèse pour rappeler encore un de ces
faits dont la futilité ne s'adresse qu'à la mémoire des officiers
du bataillon.

Je veux parler de notre changement de pension.

Le régime de l'*hôtel de la Croix-d'Or* était déprécié.
M. Deflandre se chargea de le remplacer par une combinaison
qui devait amener de notables économies. Il obtint la faveur
de placer notre table dans un pensionnat de demoiselles
(alors inhabité), prit un *cook* distingué, fit l'acquisition de
tout un matériel culinaire, et le 1er octobre nous inaugurâmes
notre nouvelle salle à manger.

Persuadé que nous étions destinés à vivre longtemps ainsi,
mon capitaine risqua l'emplette d'une cinquantaine de din-
dons de toutes grosseurs.

Cette nourriture substantielle mais indigeste, servie trop
souvent, fit s'élever quelques plaintes contre sa monotonie.
La satiété s'augmentait encore de la vue de ces gallinacés
pacifiques qui cherchaient à s'engraisser dans le jardin.

Sauf cette légère critique de nos menus, il est juste de
reconnaître la direction bien entendue, donnée à notre
manière de vivre pendant quinze jours.

La capitulation nous empêcha de réaliser les économies pro-
mises; nous eûmes même le regret de constater à cette époque que notre nouvelle pension aurait pu nous coûter plus
cherqu'on ne l'espérait.

§ II.

3 Octobre.

La ligne d'investissement se resserrait ; une seule route, celle de Chauny, restait à peu près ouverte.

Nous reçûmes l'ordre de nous rendre à huit kilomètres de la ville pour ramener et escorter quatorze voitures de vivres qui arrivaient du Nord.

Plusieurs compagnies du 15e de ligne opéraient dans la vallée, et délogèrent, avec un entrain remarquable, l'infanterie prussienne de la forte position qu'elle occupait derrière le talus du chemin de fer.

Pendant ce temps, salués de quelques balles qui nous parvenaient d'en bas, nous gravissions l'interminable montagne de Vauxrot, sous la conduite de notre colonel et de M. d'Auvigny. Nous nous tenions sur le qui-vive, interrogeant de l'œil les vignes et les bouquets d'arbres qui pouvaient dissimuler quelqu'embuscade.

Tandis que le gros du bataillon restait en réserve en haut de la côte, M. Deflandre fut chargé de la partie qui pouvait offrir plus de périls : celle d'aller à la rencontre des voitures.

L'effectif de notre compagnie ne dépassait pas alors 80 hommes.

A peine avions-nous parcouru une centaine de mètres que nous aperçûmes sur la crête de la montagne opposée, un escadron de lanciers blancs, dont les casques brillaient au soleil. Ils étaient massés près de la ferme de la Perrière. Ayant remarqué probablement notre mouvement, ils se dirigèrent de notre côté à bride abattue.

Nous prenions déjà des dispositions pour soutenir leur choc, et nous nous dérobions à leurs regards dans un des fossés de la route, quand ils s'arrêtèrent tout à coup, avec un ensemble merveilleux.

Réfléchissant sans doute à la distance qui nous séparait, et craignant de ne pas nous atteindre avant que nous n'ayons gagné la fabrique de Terny, leur chef avait fait acte de prudence.

Sans perdre de temps, nous nous hatâmes de franchir encore quatre kilomètres pour arriver aux voitures, qui formaient une longue file, stationnant près de l'*Auberge du bois de Boule*.

Puis nous rejoignîmes les autres compagnies à l'endroit où nous les avions laissées, et tous nous redescendîmes la montagne, escortant le convoi, sans que les Prussiens, maintenus par le 15e de ligne, aient tenté de reprendre l'offensive.

Gris de poussière, nous traversâmes triomphalement la ville pour ramener à la manutention les approvisionnements dont l'ennemi n'avait pu empêcher l'entrée.

Ce fut la seule sortie dont la réussite fut complète et dont l'exécution fit grand honneur au 15e. Ce régiment perdit encore un homme et eût plusieurs blessés.

On fit des prisonniers jusque dans l'intérieur du village de Crouy.

Je me souviens que notre marche sur Terny fut marquée d'un incident plaisant. Parmi les éclaireurs que nous avions disséminés sur la droite, se trouvait un nommé Sabatier. Sa réputation de bon tireur lui avait fait accorder la faveur d'être armé d'un chassepot. Se retrouvant dans la campagne, un fusil à la main, ses instincts de chasseur s'étaient subitement réveillés. Ses yeux perçants découvrirent tout à coup un lièvre qui, en son gîte songeait.

Car que faire en un gîte à moins que l'on ne songe,

dit La Fontaine.

Sans réfléchir à la gravité de son action, il épaula et fit feu. La balle atteignit son but.

Nous fûmes obligés de punir le Mobile imprudent, tout en admirant son adresse.

Voici l'ordre de la place sur cette sortie :

« Pour assurer l'entrée des approvisionnements de la place, « M. le colonel Carpentier est sorti avec six compagnies prises « dans les deux bataillons de la Garde Mobile, et s'est porté sur « les hauteurs de Vauxrot.

« Après avoir fait éclairer la position et s'être fortement installé,

« il dirigea sur Terny, une compagnie qui amena le convoi dans
« la place.

« Pour assurer ce mouvement et dégager la route de Laon,
« M. le capitaine Ballet est sorti avec trois compagnies du 15ᵉ.
« M. le lieutenant Ferté, de la 1ʳᵉ compagnie, s'est porté sur la
« ferme de Saint-Paul, M. le lieutenant Garnier, avec la 2ᵉ com-
« pagnie, sur la ferme de Clamecy ; M. le capitaine Félon, du
« recrutement de l'Aisne, avec la 3ᵉ compagnie, appuyait ce mou-
« vement offensif, qui eut lieu avec un ensemble remarquable.

« L'ennemi, débusqué par un feu très-vif, s'est retiré en désor-
« dre sur le village de Crouy, poursuivi par une vingtaine de
« tirailleurs qui firent prisonniers cinq Prussiens, dont un blessé.

« Nos soldats occupèrent alors les crètes du remblai du chemin
« de fer jusqu'à l'arrivée de ceux-ci en ville. Cette opération fait
« honneur au 15ᵉ de ligne, à son chef, le capitaine Ballet, et aux
« officiers, au nombre desquels il faut citer MM. Ferté, Garnier
« et Dutocq.

« Se sont distingués : le sergent-major Félon, les sergents Du-
« rand, Basile, du recrutement, et Guérin, du 15ᵉ de ligne ; les
« caporaux Madrene, Bleuze et Robin ; les soldats Foy, Dubois,
« Perret, Perrot et Mignard.

« Nos pertes sont de : un tué et trois blessés. »

§ III.

6 Octobre.

La place n'était pas encore suffisamment ravitaillée. Le
conseil de défense avait appris qu'un convoi de bœufs devait
arriver dans la journée, par la route de Chauny.

La 2ᵉ compagnie de notre bataillon fut chargée de se rendre à sa rencontre et d'en protéger l'entrée.

En même temps, revêtu du costume civil, notre commandant sortait à cheval pour remplir une mission alors inçon-
nue pour nous.

M. Gaillard, lieutenant adjudant-major, accompagnait
aussi le détachement qui, au village de Cuffies, se trouva en
présence des 200 ruminants que l'intrépide capitaine Courcy,
de la 6ᵉ compagnie, avait réussi à ramener, aidé de quelques
hommes.

Quand le convoi eût pénétré sans encombre dans la ville,
nous nous étonnâmes de ne pas voir à sa suite la 2ᵉ compagnie.

Vers 3 heures, nous étions réunis dans la cour de la caserne, quand arrive haletant le lieutenant Gaillard. Son uniforme était poudreux. Il demandait du renfort en toute hâte.

Nous le pressâmes de s'expliquer. Il nous raconta que les Mobiles avaient tiré sur plusieurs cavaliers prussiens, que ceux-ci avaient tourné bride pour revenir probablement en force, et que l'infanterie ennemie allait, par le bas de Crouy, couper la retraite à nos pauvres camarades.

En quelques minutes, la ville tout entière fut en émoi ; on courut chercher des ordres chez le commandant de place, sans pouvoir le rencontrer. Notre colonel prit sur lui de faire sortir immédiatement plusieurs compagnies, à la tête desquelles il partit bravement pour débloquer nos soldats.

Nous courûmes tous à la porte de Laon, attendre des nouvelles.

La nuit vint, les barrières de chêne furent fermées devant le pont-levis, et nous étions toujours là, prêtant l'oreille aux bruits lointains, et n'entendant, à nos pieds, que le clapotement monotone de l'eau.

Notre incertitude sur ce qui se passait était complète.

Tout à coup, le galop d'un cheval se fit entendre, et un homme arriva près de la barrière. M. de Noüe échangea avec lui quelques paroles, desquelles il résulta que la jonction s'était opérée, que la 2e compagnie n'avait jamais couru de péril sérieux, et que tous allaient revenir sans coup férir.

Nous respirâmes. Ce messager de bon augure, était le chef de toute la cavalerie de la place, qui, successivement s'était élevée à *cinq* hommes, montés sur les chevaux des hulans pris à Beugneux. Sous-officier de cuirassiers, échappé de Sedan, il rendit comme éclaireur de réels services.

Voici maintenant des renseignements précis sur les faits et gestes de la compagnie de mon frère, durant cette après-midi.

A leur arrivée dans Cuffies, notre commandant donna l'ordre de continuer la route, pour ramener un convoi de poudre, venant de La Fère.

Parvenu en haut de la côte, dans un chemin creux, le capitaine Roussel fit arrêter sa troupe et posta une sentinelle au sommet.

C'est en ce moment que M. d'Auvigny s'éloigna pour se rendre, a-t-on dit, en congé dans sa famille.

Un quart d'heure s'était à peine écoulé que le factionnaire signala un groupe d'environ 20 lanciers blancs qui, de la route de Chauny, s'avançaient nonchalamment, au trot de leurs montures. Le sentier qu'ils prenaient les conduisait directement sur les Mobiles. Ceux-ci divisés en plusieurs sections ne pouvaient pas tous, à cause de la disposition du terrain, remarquer l'approche des cavaliers, pas plus qu'il n'était possible à ces derniers de soupçonner leur présence.

Le capitaine Roussel, immobile, la lorgnette braquée, attendit qu'ils fussent à portée convenable et commanda le feu à environ 200 mètres. Les lanciers surpris par cette décharge imprévue, tournèrent bride sur le champ. Mais l'un d'eux avait été atteint; il fléchit sur sa selle, et ses compagnons furent obligés de l'y maintenir. La plupart repassèrent la route, puis firent une halte, placèrent plusieurs vedettes et disparurent.

C'est alors que le lieutenant Gaillard, redoutant les conséquences de cette attaque, était accouru de toute la vitesse de son cheval, nous rapporter ce qui a été consigné plus haut.

Il paraît qu'une faible fraction de la compagnie avait seule pu tirer, ce qui est regrettable, car, à cette distance, 150 coups de fusil auraient dû anéantir complètement le peloton ennemi.

Pourtant, il y avait une victime. Certains indices avaient permis au capitaine Roussel de penser que le cavalier blessé avait été désarçonné. Il se rendit avec quelques hommes à l'endroit présumé et découvrit le cadavre de l'infortuné lancier blanc. On procéda à l'enlèvement de ses dépouilles qui furent rapportées à Soissons, mais par scrupule, on n'osa dégraffer sa tunique. Plus tard, des habitants de Cuffies trouvèrent sur lui une montre d'or qu'ils remirent au maire, M. Deviolaine.

Fidèle à sa consigne, et croyant réellement à l'arrivée du convoi de poudre, M. Roussel conserva ses positions jusqu'à ce qu'il eût été rejoint par le détachement parti à son secours.

Selon toute vraisemblance, ces poudres n'étaient pas attendues ce jour-là, mais elles n'existaient pas seulement à l'état chimérique. Des tonneaux qui en contenaient furent conduits à la place le surlendemain, par cette même route, grâce à la vigilance de M. Lefèvre, l'énergique cultivateur de Juvigny, qui n'en était pas à son coup d'essai.

X.

Les bouches inutiles. — Maladies. — Manque d'argent. — Notre colonel à
Lille. — Affaire de Presles. — Courage d'une sentinelle. — Le bois de
Boule.

§ 1er.

Par suite des sorties précédentes, la ville était pourvue de
vivres pour un certain temps. Par surcroît de prévoyance,
le comité de défense prescrivit le départ immédiat des bouches inutiles, et pour exciter le courage des Mobiles, la mesure s'appliquait exclusivement à leurs femmes.

Nos pauvres soldats n'étaient, d'ailleurs, pas plus heureux
alors qu'auparavant.

On avait mendié pour eux des vêtements et des chaussures, mais les mains et les cœurs restaient fermés, à peu d'ex-
ceptions près. Les habitants voulaient, sans nul doute, les
punir de leur vandalisme involontaire dans les faubourgs.

Des maladies sévirent avec une sérieuse intensité ; la petite vérole et la dyssenterie remplirent les ambulances. Je me
rappelle, à ce propos, le zèle que déploya, dans son pénible
service, le caporal infirmier Moreau, de la 2e compagnie.

D'un autre côté, l'argent allait manquer pour la solde de
la garnison. Il existait bien dans la caisse du receveur particulier, une somme importante, mais elle n'avait pas cette
destination. Les Prussiens n'eurent pas à le regretter.

Après une démarche du sous-préfet, M. d'Artigues, qui
échoua et donna sa démission, M. de Noüe chargea notre
colonel de partir pour Lille, dans le but de demander les
fonds nécessaires à la continuation de la résistance, et des
effets d'équipement.

M. Carpentier, accompagné du sous-lieutenant Maudoy,
de ma compagnie, nous quitta le 8.

Quelques jours après, on fit courir le bruit de son retour, mais malheureusement la nouvelle était inexacte.

J'emploie le terme malheureusement à dessein, car son absence ainsi que celle de M. d'Auvigny, son parent, au moment des extrêmes dangers qui fondirent sur la ville, donna lieu à des interprétations malveillantes. Loin de moi la pensée de m'y associer, le caractère de ces officiers supérieurs est à l'abri de soupçons outrageants et M. Carpentier s'est du reste justifié en publiant l'ordre même signé du commandant de place. Cependant, je ne crains pas de déclarer que le départ de deux membres sur sept du Conseil de défense, alors que la situation devenait si critique, a été une mesure blâmable et d'un fâcheux effet sur l'esprit des troupes.

§ II.

8 octobre.

Ce n'est qu'incidemment que j'ai parlé de M. Courcy, capitaine de la 6ª compagnie, qui mérite cependant une mention toute particulière.

« Je m'efforcerai toujours, avait-il dit, le jour de son élec- » tion, d'être le premier soldat, parmi les miens. » Parole modeste qu'il ne démentit pas !

D'une bravoure incontestée, dont il avait donné des preuves au Mexique, on pouvait compter sur lui dans les entreprises les plus téméraires.

Telle fut celle dont il fut chargé le soir du 8 octobre.

Toutes les routes étaient occupées par l'ennemi et l'investissement était des plus rigoureux.

Le commandant de place donna pour mission au capitaine Courcy, d'aller stimuler le patriotisme de tous les villages voisins, de manière à les soulever et à opérer une diversion. Il avait la faculté de prendre avec lui 150 hommes résolus, à son choix, sur lesquels il aurait droit de vie et de mort. Le sergent Richon, de ma compagnie, se présenta l'un des premiers ; le lieutenant Denis, frère du commandant, toujours prêt quand il y avait quelque danger à affronter, assistait aussi à l'affaire. Le reste du détachement fut composé de volontaires de la Garde Nationale et de Mobiles. Croyant à une absence de plusieurs jours, ils s'étaient munis de vivres et de cartouches en conséquence.

Ils devaient tout d'abord, pousser une reconnaissance sur la montagne de Presles, où la présence des Prussiens nous inquiétait.

Ils partirent, à la nuit tombante, dans cette direction et se déployèrent en tirailleurs.

Quand ils parvinrent à la pente boisée de la montagne, l'obscurité était venue.

Un des nôtres se heurta tout à coup à un homme qui ne bougea pas ; il l'interroge, le presse de se faire connaître. Même silence. Il avait devant lui une sentinelle allemande.

Au lieu de la mettre aussitôt hors d'état de nuire, on commit la générosité de la laisser vivre, espérant peut-être en tirer quelques renseignements utiles.

Gardé à vue, le soldat prussien fut entraîné à travers bois, et ne tarda pas à faire repentir de l'humanité dont on avait fait preuve à son égard. Renouvelant l'héroïsme du chevalier d'Assas, il poussa, à un certain moment, un cri guttural qui donna l'éveil aux ennemis. Le courage n'a pas toujours sa récompense ; il fut frappé, mais il était trop tard !

Alors se passa une scène de désordre indescriptible. Isolés par les arbres, perdus dans les ténèbres, Mobiles et volontaires tirèrent au hasard. Force leur fût bientôt de se replier sur la ville, ayant à déplorer la blessure mortelle d'un volontaire, nommé Juvigny.

Ils rentrèrent quelques heures seulement après leur départ. C'était l'avortement d'une expédition alors impossible, malgré les plus courageux efforts.

§ III.

9 octobre.

Autre tentative malheureuse.

On a vu par mes récits de diverses rencontres que si nous ne connaissions pas toujours le chiffre des pertes infligées à l'ennemi, nous avions été plus favorisés, sous le rapport des **prisonniers.**

Une cinquantaine, de toutes armes, occupaient une cour vitrée, dans le séminaire St-Léger. On allait les visiter avec la plus vive curiosité. Ils furent employés aux terrassements devant la poudrière vide, ouvrage dont j'ai déjà apprécié l'inanité !

On ne pouvait cependant les garder et les nourrir ainsi indéfiniment. Les Mobiles préposés à leur surveillance, étaient forcément distraits d'un service plus essentiel.

Le commandant de place voulut les faire transférer à Amiens ; il s'entendit avec le colonel d'un régiment de ligne, en ce moment dans cette ville, qui devait envoyer un détachement à leur rencontre, sur la route de Chauny.

Tout alla bien jusqu'à un endroit assez proche du bois de Boule où la chaussée forme une inclinaison. Les soldats du 15e de ligne qui escortaient les prisonniers parvinrent, sans être inquiétés, jusqu'à l'éminence qui précède cette pente ; ils furent alors salués par l'ennemi d'une décharge de bas en haut qui ne leur fit aucun mal, toutes les balles ayant passé au-dessus de leurs têtes. Le détachement put néanmoins battre en retraite sans que les prisonniers tentassent aucun effort pour s'échapper et rejoindre les leurs. Il est vrai que les dispositions étaient prises pour que toute chance d'évasion fut rendue impossible.

Le capitaine commandant la compagnie s'estima bien heureux de sortir de ce mauvais pas, en ne laissant qu'un mort sur le terrain.

§ IV.

Le même jour, du rempart St-Léger, nous aperçûmes six canons en batterie sur les hauteurs de Crouy. Les Prussiens tirèrent quelques coups dans la direction de la place, mais ils n'avaient que des pièces de campagne dont les projectiles n'arrivaient pas jusqu'aux murs.

Les obus ne causèrent de dégâts qu'au hameau de St-Paul, et à diverses maisons du village de Crouy.

Les artilleurs ennemis quittèrent d'ailleurs le lendemain cette position, après que les nôtres les eurent inquiétés plus sérieusement.

XI.

Le bombardement.— Les caves.—La poterne n⁰ˢ 9 et 10.

§ Iᵉʳ

11 Octobre.

Nous étions dans la soirée, occupés à savourer avec la quiétude la plus parfaite, l'excellent moka du café de la Réunion, quand M. Lallart, rédacteur du *Progrès de l'Aisne*, vint nous rejoindre et nous affirmer d'une façon positive, que des batteries prussiennes s'établissaient sur la montagne de Sainte Geneviève. Il descendait de la tour de la cathédrale et avait vu, de ses yeux, les préparatifs du bombardement. Nous n'y voulions pas croire; tant de faux bruits avaient circulé à ce sujet. Je fus l'un des plus incrédules, quoique depuis quelque temps il résultât des renseignements donnés par les habitants des campagnes que l'ennemi travaillait sans relâche sur les sommets de Sainte-Geneviève et de Presles.

· Cette dernière position avait été appréciée déjà en 1814 par l'artillerie russe et l'emplacement existait encore dans l'état où il avait été laissé à cette époque. Les Prussiens voulurent lui faire conserver un double souvenir.

§ II.

12 Octobre.

Je dormais d'un profond sommeil quand le lieutenant Bodelot se précipita dans la chambre que j'habitais, place Mantoue, et m'apprit que le bombardement de la ville était commencé.

Il était six heures du matin.

J'entendais bien des coups de canon se succéder avec rapidité, mais je croyais que nos artilleurs continuaient le tir de fantaisie qu'ils avaient inauguré un mois auparavant.

Ma pensée était loin d'une attaque décisive.

Je courus avec mon collègue à la porte St-Christophe. Les rues étaient très-animées ; les habitants se tenaient sur le seuil de leurs demeures, écoutaient avec stupeur, le sifflement des projectiles qui fendaient l'air et le fracas étourdissant de la canonnade.

Nous allâmes nous placer près d'une pièce de 24 qui, sur la droite de la porte, en face des batteries ennemies, répondait à leur feu.

C'était une émotion nouvelle et dont le danger augmentait l'attrait, de se trouver ainsi à deux kilomètres devant ces bouches d'acier vomissant la flamme et la mort.

Après une heure de ce spectacle, nous descendions du rempart quand un bruit sourd se fit entendre à quelques pas. Nous retournâmes la tête, un obus venait de s'enfoncer en terre sans éclater. Nous pressâmes le pas pour nous garer d'autres fâcheuses rencontres.

J'étais obligé de me rendre à l'évidence.

Soissons subissait un véritable bombardement.

Strasbourg et Toul avaient capitulé, pouvions nous être plus heureux, en présence des terribles engins de siége dont disposaient les Prussiens ?

Pour qui connaît la situation de la ville, entourée d'une ceinture de montagnes, à peu de distance, la défense ne pouvait être de longue durée. Les fortifications suffisantes, au moment de leur construction, contre l'artillerie d'alors, protégeaient l'enceinte d'une manière tout à fait inefficace.

Du reste, les Prussiens, dans les siéges de toutes les places fortes, ont employé partout le même système.

Ils ne cherchaient pas à démolir les remparts, mais les maisons ; ils ne s'attaquaient pas tant aux soldats qu'aux habitants. Au lieu de risquer la vie de leurs hommes dans de périlleux assauts, ils couvraient de ruines et de cendres les cités qui résistaient, jusqu'à ce que l'élément civil fût réduit à conjurer l'élément militaire de céder, au nom de l'humanité.

C'était sur la montagne de Presles que les Prussiens avaient surtout accumulé leurs canons.

Le nombre en était triple de celui des pièces qui armaient Sainte-Geneviève ; le tout, y compris les mortiers, s'élevait, si je ne me trompe, à 45 bouches à feu, de divers calibres.

Nos artilleurs ne pouvaient répondre que des remparts Saint Martin, Saint-Jean et Saint-Christophe, et les canons qui garnissaient les autres points étaient condamnés au silence.

Cette journée de bombardement fut la plus difficile à passer. Quand on n'a pas assisté à des dangers de cette nature, on ne peut se rendre compte des impressions poignantes qu'ils font éprouver.

Se trouver enfermé dans un emplacement de peu d'étendue sans espoir de fuite, et constamment exposé à être écrasé sous une masse de fonte et de plomb, qui apporte le ravage avec d'horribles sifflements !

Respirer en pensant qu'une seconde peut-être vous sépare de l'éternité !

C'est une situation tellement critique qu'elle remplit d'angoisses les cœurs les mieux trempés.

L'existence devient alors intolérable, tant elle est problématique.

Soissons, comme toutes les anciennes villes de couvents, possède heureusement des caves vastes et bien aérées. On sait que c'est le seul abri sûr contre les projectiles ; aussi des familles entières s'y étaient entassées. La vie souterraine remplaçait la vie en plein soleil ; si l'une n'avait pas tous les agréments de l'autre, la sécurité qu'elle donnait plus que son originalité, lui assurait alors une préférence marquée.

Tous les habitants ne pouvaient cependant demeurer ainsi sous terre, d'une manière permanente.

Sans parler de la garnison et des pompiers qui se portaient bravement où se déclaraient les incendies, chaque ménage, pour subsister, était contraint d'envoyer un des siens aux provisions.

Le moment le plus propice était la soirée, quand le feu de l'ennemi se ralentissait.

Les rues offraient alors un spectacle étrange. Rasant les murs, des êtres humains couraient avec rapidité, puis disparaissaient tout à coup comme par enchantement. Ils entraient !brusquement dans un couloir ou une encoignure de porte, pour éviter le passage des obus; échappés à la mort, ils reprenaient leur course.

Le 12 octobre se trouvait justement notre jour de garde; nous nous rendîmes, à 5 heures, à notre campement ordinaire. Mon capitaine avait obtenu pour la compagnie la poterne n°s 9 et 10.

C'était une voûte de pierre qui s'étendait sous le rempart, entre le jeu de paume et le fossé extérieur. Deux portes solides, percées d'ouvertures, en fermaient les extrémités. Le sol n'était pas parqueté, mais ce fut néanmoins avec bonheur que nous nous étendîmes sur la légère couche de paille qui le recouvrait. Là, au moins, nous pouvions espérer un lendemain, car la structure de notre retraite présentait toute garantie.

Les obus se multipliaient et venaient éclater près de nous, avec leur accompagnement infernal.

Au dessus de nos têtes, les canons faisaient entendre leur sourde voix.

Tous nos hommes étaient couchés côte à côte, dans un pêle-mêle pittoresque. Ils formaient deux longues files, perdues dans l'obscurité la plus complète et le silence le plus rigoureux.

C'est ainsi que nous passâmes cette première nuit.

XII.

Le parlementaire. — Promenade en ville. — Incendie de l'Hôpital-Général — Ma contusion.

§ Ier

13 octobre.

Nous apprîmes le lendemain matin que notre artillerie avait fait des prodiges, et que la précision de son tir avait fait essuyer à l'ennemi des pertes sensibles.

Mais, de notre côté, nous avions déjà à déplorer la mise de cinq hommes hors de combat.

Le fortin ou blockaus qui, par sa position avancée, défendait la partie la plus vulnérable du rempart, avait été fortement endommagé.

Pendant la dernière nuit, plusieurs de nos compagnies avaient fait preuve de courage et de sang-froid en accomplissant la tâche si dangereuse de relever, sous le feu des assaillants, les pièces démontées.

Le capitaine Lambert, commandant par intérim, leur en témoigna hautement sa satisfaction dans un ordre du jour qui contenait de vifs encouragements à la résistance.

Vers quatre heures, la canonnade, très-violente depuis le matin, cessa instantanément. Nous nous étonnions de ce calme imprévu, quand on vint nous annoncer que l'ennemi entrait en pourparlers.

J'arrivai sur la place d'armes en même temps que le parlementaire qui, les yeux bandés, venait de traverser la ville au bras de M. Dupuy, le capitaine de place. Il se rendait chez M. de Noüe.

La curiosité était très-excitée, et une foule d'habitants se pressait sur son passage.

C'était un homme de haute taille, bien pris dans son uniforme, avec des bottes élégantes et la casquette à bande lie de vin ; sa main gantée s'appuyait avec assurance sur la garde de son sabre qui traînait.

Jamais un officier prussien ne fût mieux examiné.

Le commandant allemand, en envoyant celui-là comme type, avait eu probablement l'intention d'inspirer plus de terreur, en faisant juger des collègues du parlementaire par comparaison. Il put se convaincre bientôt que l'effet produit par lui n'avait pas de résultats bien appréciables.

Le commandant de place l'avait éconduit avec toutes les formes voulues, en lui déclarant sa résolution de résister à outrance, et en protestant contre l'attaque sans avertissement préalable et les moyens barbares employés contre Soissons et surtout contre ses établissements de charité.

L'envoyé du grand-duc de Mecklembourg avait, paraît-il répondu qu'il lui rendrait compte de ces observations, et que, sans nul doute, son chef y aurait égard. On verra tout à l'heure avec quelle bonne foi, cette promesse fut remplie.

Le capitaine Dupuy, pour soustraire l'officier ennemi à la curiosité et protéger sa personne que les lois de la guerre rendaient sacrée, sortit avec lui par le rempart qu'ils suivirent jusqu'à la porte Saint-Martin. Le parlementaire remonta à cheval, et partit au galop, avec son escorte de lanciers blancs.

Pendant la durée de cette entrevue, toute la population quitta les caves pour juger des dommages occasionnés par le bombardement. Chacun respirait à l'aise. En se revoyant, on se serrait la main, comme après une longue absence, on se communiquait ses impressions. Puis commençait une promenade funèbre à travers la ville !

Des ouvertures béantes, des toits effondrés, des cheminées diversement coupées, des fenêtres arrachées de leurs gonds et se soutenant par des miracles d'équilibre, témoignaient de la puissance des projectiles prussiens.

C'était une scène navrante de désolation et de deuil !

Les pieds ne rencontraient que des débris de vitres, de tuiles et d'ardoises; çà et là des éclats de boiserie et de mobilier, au milieu de pierres et de briques.

Qui aurait pensé que les magnifiques flèches de Saint-Jean-des-Vignes qui avaient résisté aux siècles, devaient être mutilées à plaisir par le vandalisme allemand ? La cathédrale, l'Hôtel-Dieu, le collége, et un nombre considérable de maisons particulières, avaient déjà reçu de sérieuses détériorations.

La petite caserne, convertie en ambulance et en partie brûlée, ne présentait plus à l'œil que des pans de murs, sans cohésion ni symétrie. La plus grande partie des blessés qu'elle renfermait avait pu être évacuée sur le petit séminaire Saint-Léger, mais quelques-uns, détail horrible ! frappés dans leurs lits, avaient été littéralement broyés ; des fragments de cervelle sanguinolente furent même projetés contre les parois d'une salle.

Le quartier de l'Hôtel-de-Ville fût le moins éprouvé.

§ II.

Une heure environ après le départ du parlementaire, nous entrâmes dans la seconde période du bombardement.

Je suis arrivé à l'un des plus douloureux épisodes du siège.

Vers 6 h. du soir, une bombe éclata dans l'Hôpital général et alluma l'incendie.

Ma compagnie, la seule du bataillon (soit dit sans incriminer les autres), se rendit au pas de course sur le lieu du sinistre, traversant les rues désertes où pleuvaient les obus.

Le tableau qui s'offrit à nos yeux est de ceux qui ne s'oublient pas.

Au milieu de matelas, de meubles, de linge, d'objets de toute nature, en face des grands bâtiments en flammes, gisaient des vieillards des deux sexes, privés de l'usage de leurs membres.

Il n'y avait pas une minute à perdre; je me chargeai du premier malheureux que j'aperçus, les Mobiles m'imitèrent. En accomplissant plusieurs fois le pénible voyage, nous eûmes le bonheur de sauver hommes et femmes que nous déposâmes à l'Hôtel-Dieu.

Pendant ce temps le feu grandissait.

En vain de courageux citoyens, parmi lesquels je remarquai

MM. Salleron et Choron, de la commission municipale, faisaient la chaîne au péril de leur vie.

M. de Noue et M. Roques Salvaza donnaient l'exemple du sang-froid et de l'intrépidité.

Les artilleurs prussiens, voyant au milieu de cette immense lueur, la foule qui luttait contre les progrès du feu, redoublaient leurs coups, et à toute seconde, des boîtes à mitraille éclataient et blessaient quelques-uns des travailleurs.

Je reconduisis à la grande caserne deux soldats de la ligne grièvement atteints, et fis de mon mieux pour activer les secours ! Peine inutile ! le lendemain, il ne restait plus que les murailles noircies de cet asile des pauvres que le drapeau blanc à croix rouge n'avait pas fait respecter.

Dans une des maisons voisines de l'incendie, au milieu d'une pièce jonchée d'éclats de vitres, trouée par un projectile et lugubrement éclairée par les flammes du dehors, dormait paisiblement un enfant de quelques mois. Personne ne pouvait donner de renseignements sur sa famille qui, saisie d'épouvante, l'avait probablement abandonné. Je pris son berceau, aidé par un de mes hommes et nous le portâmes également à l'Hôtel-Dieu. Sans nous, que serait-il devenu ?

J'avais ordre, cette nuit-là, de me trouver à 11 heures au séminaire Saint-Léger, pour prendre le commandement d'une compagnie devant concourir à réparer sur les remparts, le mal fait à nos canons et à leurs embrâsures.

Je me rendais à mon poste, venant de l'Hôpital, et traversais en courant, la place de la Cathédrale. Parvenu à l'angle de la rue de la Buerie, j'entendis tout à coup une violente détonation sur la gauche, et au même instant, je me sentis frappé sur les reins. Je tombai la face contre terre, presque évanoui.

Je ne tardai pas à reprendre l'usage de mes sens et voulus me redresser, mais une vive douleur m'en empêcha. Cependant, la pensée du devoir me donna la force de me traîner jusqu'à Saint-Léger où j'appris à l'adjudant de service ce qui venait de m'arriver.

Le supérieur, M. l'abbé Dupuis, dont le dévouement a été si admirable durant le siége, me fit examiner par M. Goodenough, interne dont j'ai déjà parlé, et ce dernier constata, près de la colonne vertébrale, une contusion d'une certaine étendue.

Deux hommes furent obligés de me transporter à mon domicile.

Je crois expliquer cet accident par la projection d'un fragment de pierre, qui détaché par un éclat d'obus, avait laissé sa trace blanche sur ma tunique.

Moi aussi, j'étais contraint de garder la cave.

C'est là que je sus que le capitaine de Monery, avait reçu une blessure qui, sans mettre ses jours en danger, avait néanmoins nécessité son transport à l'ambulance.

XIII.

Le château de Saint-Crépin. — La brèche. — Retour du colonel
Carpentier. — La capitulation

§ Ier.

14 octobre.

Le commandant de place se multipliait ; il fut blessé légèrement à la main, mais n'en continua pas moins à se mon-
trer partout où sa présence lui semblait nécessaire.

La furie du bombardement ne diminuait pas.

Les ruines s'amoncelaient ; peu de maisons restaient in-
tactes. On racontait des morts affreuses parmi la population.

A chaque instant, des incendies se déclaraient et anéantis-
saient ce qui avait échappé aux projectiles.

Le découragement se mettait dans les troupes de la garnison qui, dans cette lutte disproportionnée, ne pouvaient conserver l'espérance du triomphe.

Les services qu'elles auraient pu rendre étaient annihilés
par le genre même de l'attaque.

Les rangs des artilleurs s'éclaircissaient, et leurs pertes
étaient d'autant plus sensibles qu'elles étaient irréparables.
En vain, la batterie d'artillerie volontaire les secondait
vaillamment ; les murailles de l'arquebuse ont témoigné de
l'acharnement de l'ennemi à éteindre son feu.

Le château de St-Crépin, situé entre le rempart St-Léger et la rivière d'Aisne, avait été, depuis plusieurs jours,
occupé par nos Mobiles. Le parc et ses environs étaient
l'objet d'une active surveillance.

Nous avions également établi un poste près de l'écluse
pour en défendre le passage, car on pouvait craindre l'approche des Prussiens de ce côté.

C'était un échange fréquent de coups de fusil entre les deux rives.

Plusieurs compagnies, dont la 1re, gardèrent successivement cette position, et la conservèrent jusqu'au 16.

Dans quelques explorations qui eurent lieu autour de la propriété, plusieurs officiers parmi lesquels on me cita le capitaine Nachet, de la 4e compagnie, et le lieutenant Piermé, de la 5e, avaient couru d'assez graves dangers.

§ II.

15 octobre.

La situation s'empire d'heure en heure.

Les habitants, dont une partie est contrainte, par suite d'inondation, d'abandonner ses abris souterrains, qui savent qu'ils vont manquer de pain, car la fabrication en est forcément suspendue, se demandent jusqu'à quelle extrémité l'honneur militaire va réduire la ville. Si l'on reconnaît l'impossibilité de la résistance, disent-ils, pourquoi la prolonger jusqu'à l'anéantissement complet de la place? Ah! si cet héroïsme avait dû sauver la France, on n'aurait pas crié grâce à l'ennemi.

Une question d'humanité s'imposait aussi avec une navrante réalité.

Les blessés, les malades, dont regorgeaient l'Hôtel-Dieu et les ambulances particulières, allaient bientôt se trouver sans asile ; les obus ne respectaient rien.

Une nombreuse députation, prise parmi les personnes notables, conjura M. de Noüe de mettre un terme à cet horrible état de choses.

Tous les capitaines de la garnison furent réunis et consultés sur l'éventualité de l'assaut. D'un avis unanime, ils répondirent qu'ils n'avaient pas la certitude de le repousser victorieusement. Dès lors, s'offrait la terrible perspective du pillage et du massacre, autorisés par les lois de la guerre.

Les Prussiens avaient fait converger tous les feux de leurs batteries sur un point unique du rempart, à gauche de St-Jean. Sous les coups répétés des projectiles, les pierres avaient été détachées peu à peu, et, sur une longueur de 20 à 25 mètres, depuis le haut jusqu'en bas, la partie attaquée n'était plus qu'un simple talus de terre.

La brèche était sérieuse, si ce n'est praticable.

Les assiégeants étaient d'ailleurs résolus, si la défense continuait, à démasquer de nouvelles pièces et à tenter l'assaut, ainsi qu'on pût s'en convaincre par la vue des parallèles et autres travaux d'approche faits, en une nuit, avec une rapidité incroyable.

Toutefois, le soir seulement M. de Noüe, reculant devant la responsabilité de plus grands désastres, se décida à engager des pourparlers.

M. Mosbach, commandant du génie, se résigna à accepter la douloureuse mission de se rendre au quartier général allemand.

Un parlementaire, d'un grade égal à celui du commandant de place, fût envoyé vers lui, et plusieurs heures furent consacrées à débattre et arrêter les clauses de la capitulation que je citerai textuellement plus loin.

§ III.

Cette nuit-là même, il se passait près de l'écluse du Mail, une scène émouvante qui faillit devenir tragique.

Deux hommes s'avançaient, sans que l'obscurité permit de deviner leurs véritables intentions. La sentinelle leur crie : Qui vive? et ne reçoit aucune réponse. Les Mobiles, interprétant ce silence comme une menace, firent feu. Les balles manquèrent heureusement leur but, et presqu'aussitôt, M. Carpentier, notre lieutenant-colonel, accompagné d'un garde du bataillon, parvint à se faire reconnaître, et put rentrer en ville par une poterne, sans autre mésaventure.

MM. d'Auvigny et Maudoy, pénétrèrent plus facilement dans la place, par suite de l'interruption des hostilités.

§ IV.

Voici les termes de la capitulation :

PROTOCOLE

ᴸEntre les soussignés :

Le colonel Von Krenski, chef d'état-major du 13ᵉ corps d'armée, chargé des pleins pouvoirs de S. A. R., le grand duc de Mecklembourg ;

Et le lieutenant-colonel gouverneur de Noüe,

La convention suivante a été conclue :

Art. 1ᵉʳ

La place de Soissons avec tout le matériel de guerre qu'elle renferme, sera livrée à la disposition de S. A. R. le grand duc de Mecklembourg

Art. 2.

La garnison de Soissons, comprenant tous les hommes qui ont porté les armes pendant la durée de la défense, soit en uniforme ou non, est prisonnière de guerre.

Sont exceptés de cet article, les Gardes Nationaux et les Gardes Mobiles qui habitaient la ville et l'arrondissement de Soissons, avant que la guerre fût déclarée.

Art. 3.

En considération de la défense *valeureuse* de la place, tous les officiers et employés supérieurs ayant rang d'officier, qui engageront par écrit leur parole d'honneur de ne plus porter les armes contre l'Allemagne ni d'agir en rien contre ses intérêts durant la guerre actuelle, seront mis en liberté. Ceux qui souscriront à ces conditions, conserveront leurs armes, leurs chevaux, leurs effets et leurs domestiques.

Art. 4.

Demain, à 2 heures, la garnison, sans armes, sera conduite sur le glacis de la porte de Reims.

Art. 5.

Le matériel de guerre, comprenant drapeaux, canons, armes, chevaux, caissons, munitions, etc, etc..., sera livré à trois heures par les chefs de service à une commission prussienne.

Art. 6.

Tous les médecins militaires resteront pour soigner les blessés.

Art. 7.

En considération de ce que la ville a souffert, elle ne subira d'autre contribution que celle de nourrir la garnison, après épuisement des approvisionnements laissés dans les magasins de l'Etat.

Fait à Soissons, à 11 heures du soir, le 15 octobre 1870.

Signé : Von Krenski et de Noue.

Je n'ai pas besoin d'insister sur les conditions honorables de cette capitulation.

Les articles 3 et 7, et le dernier paragraphe de l'article 2, doivent surtout frapper l'attention.

L'expression *valeureuse* qualifiant la défense n'est pas un terme employé indistinctement dans toutes les pièces analogues. Plus tard, pour La Fère, l'ennemi impose, à dessein, le mot *résignée*.

De l'art. 7 ressort clairement l'étendue des pertes matérielles subies par la ville, puisque les Prussiens renoncent à toute contribution, en raison de ces dommages.

Une partie de l'art. 2 consacre une exception en faveur de notre bataillon, dont tous les hommes fûrent simplement licenciés, sans conditions, tandis que les Mobiles de Vervins furent emmenés prisonniers en Allemagne, avec les autres troupes, en raison de ce que leur arrondissement n'était pas encore au pouvoir de l'armée allemande.

De l'aveu même des officiers prussiens, on ne s'attendait pas à une résistance si opiniâtre de notre petite place forte qui tomba écrasée sous 18,000 projectiles, après un investissement de 5 semaines et un bombardement de 84 heures.

Chacun avait fait son devoir dans la limite du possible, et j'aurais trop de noms à citer, si je voulais énumérer les nombreux citoyens qui se sont signalés.

XIV.

Protestation des artilleurs. — Démarche à la gare. — Séparation.
— Signature. — Entrée des Prussiens.

§ Ier.

16 Octobre.

De très-bonne heure, mon frère vint m'apprendre dans ma cave, la fin de la lutte.

Encore très-souffrant, je voulus néanmoins assister au dernier acte du siége.

Nous fûmes tous réunis, vers midi, pour prendre encore une fois notre repas ensemble, avant la séparation.

M. Carpentier raconta qu'il n'avait pu, à Lille, obtenir de renforts, mais qu'il avait reçu une somme importante, et qu'ayant appris en revenant le bombardement de la ville, il avait déposé cet argent en lieu sûr.

Des récriminations violentes s'élevèrent au café, de la part d'officiers mécontents qui jugeaient sévèrement la reddition ; ils accusaient le commandant de place et les divers membres du Conseil de défense d'avoir manqué d'énergie, et ne tenaient aucun compte des efforts tentés.

La discussion s'animait, quand un officier du génie survint. Il nous apprit qu'un certain nombre d'artilleurs avaient résolu de ne pas se rendre, que leurs chefs n'exerçaient plus d'empire sur eux, et qu'ils avaient chargé leurs pièces, prêts à tirer sur les Prussiens, quand ils viendraient prendre possession de la place. « C'est leur seul moyen de protestation, « ajouta-t-il, et j'approuve ces hommes qui tiennent à mon- « trer qu'ils ont du cœur. »

Nous fûmes alarmés de ces dispositions et des malheurs que

leur exécution amènerait, et ne voulions pas, d'ailleurs, trem-
per dans cette sorte de guet-apens, après la signature de la
capitulation.

Le souvenir de la catastrophe de Laon était encore trop présent à la mémoire, pour qu'on ne désirât éviter une accusation
de trahison semblable.

Sur nos instances, notre lieutenant-colonel se rendit à la
gare, en compagnie de M. Salleron, sous la protection d'un
drapeau parlementaire.

Ils expliquèrent au général prussien ce qui se passait, avec
la plus grande franchise, déclinant toute participation à l'action désespérée que préméditaient les artilleurs.

L'état-major allemand fut touché de la loyauté de cette démarche, et promit que l'avertissement nous épargnerait des
rigueurs.

§ II.

A une heure, toutes nos compagnies étaient rassemblées
dans la cour de Saint-Léger.

On forma les faisceaux. Beaucoup de Mobiles pleuraient.
Je ne pus maîtriser mon émotion en adressant mes adieux
aux hommes placés sous mes ordres et dont j'avais pu appré-
cier la bonne volonté et le patriotisme.

Il semblait que je me séparais d'une famille.

Rien n'est plus pénible, quand le cœur bat sous un uniforme français, que de rendre ses armes à l'ennemi victo-
rieux.

Je dois dire qu'aucune formalité humiliante ne nous fût
imposée.

Il n'existait pas de drapeaux.

Vers deux heures nous traversâmes Soissons, et tout notre
bataillon alla se ranger, en dehors de la porte, sur le glacis qui
s'étend vers le faubourg de Reims. Les officiers avaient
conservé le sabre et le révolver. Le reste de la garnison occupait une partie de l'avenue de la gare.

A peine étions-nous placés, que de tous les chemins qui
aboutissent à cette avenue, sortirent, comme par enchante-

ment, des détachements d'infanterie prussienne. Ces uniformes noirs, surmontés de casques à pointe, qui s'avançaient automatiquement, produisaient un effet comparable à un défilé de féerie. Hélas ! nous n'étions pas au théâtre, mais devant une poignante réalité.

Plusieurs officiers supérieurs arrivèrent à cheval, et après avoir demandé des renseignements à M. de Noüe, l'un d'eux, qui portait au cou une croix en émail bleu, fit avancer plusieurs compagnies de fantasssins. Ces derniers formèrent une haie au milieu de laquelle furent placés le bataillon du 15e, celui des Mobiles de Vervins, ainsi que les artilleurs de la ligne et de la Mobile du Nord. Puis, ce triste convoi s'éloigna avec son escorte, dans la direction de la gare.

Quelques minutes après, le corps d'officiers du 17e de marche se trouvait au complet, dans une salle de l'hôtel du Soleil-d'Or, avec un officier d'état-major prussien. C'était un homme d'une grande distinction de manières. Le monocle à l'œil, il nous expliqua, avec beaucoup de clarté, les deux lignes de conduite laissées à notre choix.

Si nous signions un papier qu'il tenait à la main, nous étions libres, avec nos armes; dans le cas contraire, nous prenions le lendemain, le chemin de l'Allémagne.

Après nous être concertés, nous nous décidâmes tous à donner notre parole, à l'exception du capitaine Roussel qui refusa, non par ostentation, mais pour des raisons très-louables.

Si nos hommes, au lieu du licenciement avaient eu la captivité, nous ne nous serions pas séparés d'eux, ainsi que les réglements militaires l'exigent, mais du moment où ils rentraient dans leurs foyers, un voyage en Prusse n'offrait rien d'engageant.

En quoi aurions-nous été là-bas plus utiles à la France ?

Nous étions, du reste, complètement désespérés sur le salut de notre pays, et convaincus que l'heure de son agonie avait sonné.

On a reproché, avec raison, aux officiers du bataillon de Vervins de nous avoir imités, sans avoir les mêmes motifs, et je comprends qu'ils aient été accueillis sans enthousiasme par les familles de leurs soldats.

Comme nous quittions l'hôtel du Soleil-d'Or, un coup de canon retentit, et porta l'épouvante dans toute la ville.

On craignait des représailles et plusieurs personnes couraient déjà vers le rempart, pour arrêter le coupable, quand on apprit que cette détonation était un signal donné par l'ennemi lui-même pour l'entrée dans la place.

C'est, paraît-il, une formalité usitée en pareille circonstance.

Puis, par les trois portes, pénétrèrent, drapeaux déployés, toutes les troupes du corps d'armée, qui avaient concouru au siége. Infanterie, cavalerie, génie, artillerie, voitures d'ambulance, défilèrent successivement, aux sons du tambour, du fifre et de cette musique traînante, qui rappelle si bien celle de nos cirques. Les hurrahs de triomphe étaient rigoureusement réprimés par les officiers.

Le piétinement des chevaux, la cadence du pas des fantassins, le bruit rauque des commandements, le fracas des canons roulant sur les pavés, tout cet appareil guerrier de nos vainqueurs nous torturait le cœur.

Le grand duc de Mecklembourg fit en personne son entrée dans la ville, à la tête du 13ᵉ corps d'armée. Le défilé où figuraient 22,000 hommes, dura plusieurs heures.

§ III.

C'en était fait! Tous les sacrifices, tous les courages, toutes les ruines avaient abouti à la capitulation.

Comme un vaisseau désemparé et perdu sur l'immensité de la mer, ne peut échapper au naufrage, si quelque navire ne lui porte secours, ainsi notre place-forte, abandonnée à ses propres ressources, sans espoir de renforts, devait fatalement succomber.

La fermeté, dont elle a donné de sanglantes preuves, doit faire envisager sa défaite avec plus d'indulgence.

Les circonstances ont fait incomber au commandant de place une grave responsabilité. Qu'on me permette de lui consacrer ici quelques lignes.

M. de Noüe avait été envoyé à Soissons par l'empire, pour y terminer dans le calme sa carrière militaire. La guerre vient tout à coup lui imposer une activité à laquelle il ne songeait plus. En maintes occasions périlleuses, il montra que le courage était loin de lui faire défaut. Mais pour les difficultés d'organisation de la défense, pour les mesures pressantes et l'administration intérieure, il sentait lui-même sa faiblesse.

J'ai su depuis que le Conseil municipal avait fait en vain des démarches pour obtenir son changement.

Je ne suis pas de ceux qui systématiquement poursuivent de leur blâme ceux qui succombent ; on ne doit condamner un homme que lorsqu'il est bien avéré qu'il a mal fait, tandis qu'il lui était loisible d'agir autrement.

Sans doute, M. de Noüe a des torts, tels que la non-destruction du matériel, des munitions et des approvisionnements. Sans doute, il avait le devoir, avant de capituler, d'enclouer tous les canons.

Mais, qui peut se vanter, dans ce désarroi général, devant ces désastres précipités, d'avoir conservé toute la présence d'esprit nécessaire ?

S'il s'était conformé aux réglements en vigueur, quoique faits pour d'autres temps, au lieu de ne prendre conseil que de la situation et de l'humanité, notre commandant de place aurait échappé au verdict trop sévère de ses juges, mais je ne pense pas que l'estime des honnêtes gens qui l'ont vu à l'œuvre en ait été augmentée.

Ici s'arrête forcément mon récit.

Les Prussiens, il est juste de le reconnaître, nous traitèrent avec beaucoup d'égards, et nous délivrèrent tous les saufs-conduits désirables.

Le lendemain, chacun de nous rentra dans sa famille.

Le 17ᵉ régiment de marche n'avait pas vécu deux mois.

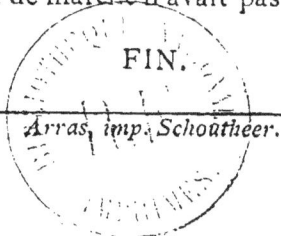

FIN.

Arras, imp. Schoutheer.

www.ingramcontent.com/pod-product-compliance
Lightning Source LLC
Chambersburg PA
CBHW070905280326
41934CB00008B/1587